JN438139

그리움 4

곽현의 詩人 네번째 시집

도서출판 청옥문학사

詩人의 말

네 번째 시집을 내면서...

나는
그녀를 보았다
수많은 세월이 흘렀고
그녀 또한 상상도 못 했던 모습으로
너무나 무심한 듯
언제나 마음속에만 담아왔던 그 모습과는 너무나 다른
모습으로
아무 일 없었던 듯이 그냥 오랜만에 만난
옛 학창시절의 동기동창생일 뿐이었다
건네는 몇 마디의 말에
그녀는 “영광이네.”
그것이 전부였다

그러나
나의 너에 대한 모습은 그것이 아니다
한 통의 회신도 없던 수많은 편지와 그 되뇌어보던
사랑한다는 말, 그 말에서 나는
여태 전해지지 못한 도난당한 듯한 충격과
이게 꿈인지 현실인지
혼란스런 내 자신에 대해
강하게 채찍을 해야 할 이성적 판단에서
잠시, 걷잡을 수 없는 당황으로 말문이 모두 막히고 말았을 뿐
오, 그러나 내 영혼의 언약 같은
꿈과 그 상상의 세계로 설계해온
모든 세상의 아름다움에 대해서
바꿀 수는 없는 것이다, 결코

내 사랑하는 이여
나는 그리움으로 일관한
내 심장을 오려내어 글로 새겼고 또 새겨갈 것이며
인류의 장엄한 징소리와
기절할 것 같은 대자연의
아름답고!
감미롭고!

하나 된 하모니harmony로 숨 가삐 출렁이는
이 아름다운 세상의 나그네로 잠시 머물러져
그녀가 가는 곳 마다 시詩를 뿌려놓으리라

지금, 외롭지만 이 아늑한 초야草野에서
시시각각 변모해가는 신선한 계절을 벗 삼아.

2012. 11. 16. 09:10-09:26

목록

제 1 부 선율&예술

제 4 부 아름다운 대자연

제 5 부 아름다운 사회

第 6 부 겸허

제 7 부 철학적

제 1 부

선율 & 예술

아름다운 선율

곡선을 그리고
포물선으로 이어져가다 다시 직선으로
내리꽂듯 뻗혀나간
힘찬 동작의
순간

강렬한 빛으로 쏟아지던 그 순간
그 순간에 덮치고만 포착
눈부신 배경의
휘감김
아름다움이여
오, 아름다움이여
품을 듯이 감미로운

짜릿한 선율
중심력의 혼절昏絕
일그러져나간 테두리
끝없는 방황
수면 아래로 사라져간
허망한 소멸이여

결코
균형 잃은 움직임으로가 아닌
오롯한 순결의 자태로 머물러질
그리고 어렴풋이 이어져갈
그리고는 영원히 진행될 네 모습으로이기위한
나는 너에게로
너는 나에게로
한 가닥
나직한
울림
아름다운, 아름다운 선율이여.

2012. 12. 30. 08:10-08:23

클래식classical music 음악에서

자아내는 소리
그 소리는
소리가 아닌 마음의 덩어리였다
울고 웃는 곡절의 마디마디였다
오르막과 내리막에서 홀로 곡예해야 하는 슬픈
운명의 순례巡禮 같은 이끌림이었다
드러내려다 숨어버리는
그리고 다시는 볼 수 없는 모습이었다

모든
아름다움의 응어리였다
피어나고 있는 꽃잎의 변화 같은
그리고는
그 속에서 솟구치고 있는
향기의 너울 됨이었다
굽이치는 협곡峽谷으로 치솟으려는
철썩이는 파도 같은 아픔이었다
회오리쳐오는
숨 가쁜 격동激動의
마침내는 침묵이었다
고요였다
사라짐이었다
여운이었다.

2012. 12. 27. 01:40-01:49

음악은요

나의
둘레와
나의 앞과 옆을 안아주는
그리고 나를 껴안아주는 그런 손길 같은
그리고는 나를 포근히 잠재우는
소리로써 나를 이끌어주고 소리로써 때론 나를
혼란시키며
그러다가 소리로써 나를 다시 달래고 멈추게 하며
떨리는 내 몸을 아주 포근히 감싸
두려워하지 않게 에워싼
온통 나를 싸버린
꿈결 같은 세상으로 만들어버리고만 선율旋律인걸요

음악은요
나의, 나를 위한, 나에게서는
모든 아픔을 어루만져주며
그 깊은 상처를 치유시켜주고
몰래, 몰래 다가와서는 그의 체온으로 가만히
다시는 슬퍼하지도 않게
그렇게 나를 맴돌며
언제나, 언제나 떠나질 않고서 그 기다림의
멀고 먼 기약에서 홀로

중천中天으로, 중천으로 떠돌고 있나 봐요

스미는
그녀의 미소
들려오는 숨결 같은 소리
그 나직한 목소리가
내게로, 내게로
자꾸만, 자꾸만 다가오는 그런 소리인가 봐요.

2012. 3. 20. 00:40-01:08

인간의 소리여

풀잎 떨리는 소리 같은
바람 스쳐가는 소리 같은
뭇 미물이 서로 환호하며 부르짖는 것 같은 소리로
달래고
유혹하고
이끌리고 이끌려는 소리여

감미로우면서도 강력한
강력하면서고 간절한
고요의 깊은 골짜기를 드나들며
깊이와 높이에서 문득문득 멈칫해 하는
마주침에서 소스라칠 것 같은
그런 예민한 느낌을 쏟아내는
내 육성의 소리여

너를 부르는 나의
그 어떤 소리로도 배겨내지 못하는
깊이만큼 높이만큼 넓이만큼에서도 스며가는
간절하고
오랜 기다림이 서린 슬프고 그리움 같은
너를 부르는 나의 소리여

나 여기에서
언제까지나 불러보려네
그 차디찬 그리움의 응어리를
온몸에서 불타는 내 육성의 분화噴火로 여겨
육신을 불태워
한 점 남겨지지 않은 승화의 기류되어
너를 휘감고 돌리니
천둥 같은 소리의 전율戰慄로
번개 같은 소리의 포획捕獲으로
그렇게
너를 휘감고
그렇게
너를 녹여버리려네.

2012. 11.15. 00:45-01:05

예술인의 고백

화선지畵宣紙를 접근하려는 마음부터 떨려
화가는 함부로 스케치Sketch 해내려는 용기가 이미
두려움부터인 걸,
예술로 집착된 모습도
예술로 감금된 순간도
예술로 응어리 된
그 모든
그림과 음악과 시어詩語의 터져날듯 한 진통도

그 흔적부터
마냥 두려움과 설렘
불안한 듯이 벅차기만 한
시작부터 감당하기에 힘든 들이닥침의
내 모든 것을 쏟아보려는 이 아픔을
어떻게, 어떻게 말해야

그 말은
내가 이 세상에 처음 태어나던 날 그랬듯이
우렁찬 함성 같은
이 세상의 한 존재임을 지구로 휘어 박는
거대한 몸짓이었던 것을

그렇게
생명이 빼어나는
솟구침과 충격과 모든 변형의 수다들에서 간섭 되어진
숱한 아름다움들이 애타게 절규하기도
때론 환희의 눈물 같은 생의 감정을 송두리째 드러내고서
낱낱이 보채어보는
장엄한
그러나 더 온화穩和한 말
'사랑했노라, 너를'
그 말 한 마디면 모두가, 모두가 사랑이었던 것을
사랑 같은 예술이었던 것을.

2012. 5. 26. 10:10-10;30

순간

영원한 아름다움들이여
측면, 측면에서 탈취하려는
숨 막힐 것 같은 분출噴出
그것이야말로
희열의 녹아남이며 열정의 회오리일 것이다

그것으로 인해
그것으로 부터
그것에서 원인이 되어, 이토록
멈추지 못하는 몸부림일 것이고
온몸이 망가져가는 시련일 것이며
환상적인 상상과
그림 같은 모습과
가슴 뭉클한 선율의 간섭으로 휘감기고만
목마름과
뒤적임과
눈물겨운 기다림과
너무나 오랜 그리움의 무덤으로 쌓여간
찬란한 절정絕頂일 것이다

한, 순간
그것은 영원을 위한 유혹으로 이끌리고만
다시는 되돌아 갈 수 없는
과거였고
현재이며
미래로 지향하려하는
시간의 연출이었고
탄생의 모습이었으며
사멸死滅의 그 뒤였을 것으로 엿보이는
그런 기쁨과 슬픔들의
아직도 못다 말한
애틋한 토라짐 '나만의 그리움' 일 것이다.

2012. 2. 29. 01:00-01;10

선택

선택은
아름다움을 추구하는 바로 그 자체이다
선택은 모나지 않으며
선택은 언제나 남겨진 모습의 기다림 같은 것이다

선택을 선택하기까진
얼마나 많은 고뇌와 시행착오와
때론 오해며 부질없었다고 생각되던 날들이
그 많고 많던 시간과 공간에서
순서도 방향도 헤아려내지 못한 채
긴 번뇌煩惱의 언저리를 맴돌며 그리도 두려워했던가

선택은
시작의 결과이고
진행의 각도이며
멈추지 못하는 이끌림의 유혹이다

선택에 이르러가선 비로소
지금이라는 시제時制와
모습이라는 멈춤과
일치라는 질서와
결과라는
오랜 기다림의 그리움으로

나를 이렇게 에워싸고만
슬픔이다

선택은 아마도
바로 내 인생의
그 자체인
지금도 이렇게 보이려는
내 모습이기 위해서인
두려움이다.

2012. 4. 11. 10:00-11:15

접근接近

사진에서의 그림으로
그림에서의 사진으로이어도 좋으련만
어떻든 가까워질 수 있다면
닮을 수 있다면
거의 비슷할 수 있다면
드디어 하나일 수 있다면 완벽한 접근이려는 것을
그림으로 사진이 묘사될 수 있다면
그림으로 소리를 대신해볼 수 있다면
그림으로 향기를 분출해 낼 수만 있다면
그림으로 선율을 일구어낼 수만 있다면
그림의 모습은
그 어떤 것에서도
완벽하리만큼 응해질 수 있는
융합融合의 근원 같은
아름다움의 경지境地일 것이다
모든 것에 아우를 수 있는

음악에서 조각으로
공간에서 윤곽輪廓으로
선율旋律에서 운율韻律로
옥타브Octave의 저항과
하모니Harmony의 이끌림으로 두리번거리는
일치!

정녕 일치는
영롱한 모습의 오직 하나인 것을
나뉠 수 없는 응어리였고 밀착이었으며
드디어는
접근이었던 것을
가장 이름다움이기 위해.

2012. 6. 1. 08:30-08:45

춤, 사위

그녀의 몸짓은
선율과 순간을 가로지르는 입체적
감각과 쏠림의 격렬한 사위娑位였다

직선처럼 평행으로
곡선처럼 휘감김을 위해 눈빛은
강렬히 반짝이며
무대 위를 휩싼
일사불란한 직렬적 뻗힘이었으며
힘찬 외곽의 휘두름으로 감싼
한 송이
피어나는 꽃술이었다
손끝도 발끝도
스치는 스카프Scarf의 이끌림도

작고 예리한
굵고 강렬한
빠르고 느린
높고 낮은 화음
몸동작에 배경의 짓눌림과
치닫는 선율의 혼란함을 가로챈 그 손끝

숨결 같은 휘어짐이여
복받친 기다림의
강렬한 분화噴火여

다시
멈칫 멈칫
끊일 듯 이어져가는 나직한 숨결의 틈으로 접어든
부드럽고 감미로운 여운에서
앳된 미소
다가오네
오, 내 사랑
말레이시아, 말레이사아여.

2012. 7. 14. 23:00-23:25
(Expo 2012 Yeosu Korea, 국제관 '말레이시아의 전통 민속춤'
사위에서)

가상假想의 얼굴

화려하지만 초롱초롱했고
우아하지만 겸손했던 자태姿態의
어떤 움직임 같은 정체正體
집착인 것 같으면서도 헛것 같은
무상無常의 경지에서 두려움을 면치 못하는
때론 영상影像 같은 실물에서
때론 혼란스런 현실에서
그 평판을
가상假想으로 해서

화가였기에
빛깔과 모습에서
윤곽輪廓과 곡선이며 직선의 버팀에서
서로 앞다퉈 내밀며 뽐내려는
조명에서 밀려나지 않으려는
모든 것이 그러했고
사진작가였기에
스치는 순간들의
입체적, 감각적, 명암明暗의 비율적
살아 움직이는 시시각각 변화의
직면直面과 측면의 느낌을 포착해내려는
플래시Flashlight의 요동이었으며

음악가의 애달픔이였기에
선율을 통째로 휘감고 뒹굴고 있는
곡예 같은 배우의 몸짓이었던 것을

뭇 사물은
색채에서 벗어나진 못하는 것이며
형태에서로만 함축 된 기교技巧의 것들인 것임을
빛과 색채, 형태와 조화, 표현과 공간의
비판일 수 없는 가상을 부여잡고 소용돌이쳐야하는
집착이여

모습이었고 변화였으며
머물 수 없는 변덕으로 아름다움을 끊임없이 추구해 가는
그렇게 볼 수도, 느낄 수도
다가갈 수도 없는 형상形象의 이끌림에서 자맥질해야 하는
처절한 발돋움 같은
분열과 응고의 걷잡을 수 없는 모습이여
그렇게 쉼 없이 승화昇華되다 냉기류에 부딪고 마는
또렷한 환상적 가상의 모습이여.

2012. 4.24. 08:05-08:24

환상적 미학美學

절대 가질 수 없는 욕망 때문에, 그 욕망 때문에!
처절한 자기 파괴일 수밖에 없는 선택

혼란스럽도록 매혹적인
그런 치명적인 매혹 때문에, 그 때문이었기에!
아름다울 수밖에 없는
아름다운 이유일 수밖에 없는 것이었던 것을

신은
인간의 무력한 육체성과 영혼을 교접하려는
장난기 서린 모습으로
때론 조롱하는 듯 엉뚱하게 들이대는 논리에서
더한층 변덕스럽기까지도 한지

충족될 수 없는 욕망
견딜 수 없는 현실
환상적 리듬의 격돌 같은
절박한 순간에 부딪는
끝없이 변모되어가는 유영遊泳적 형상形象을
어떻게
매듭짓고 안존安存시키며
조용히 정체시켜가야 할지를 갈망해야 하는
미美의 추구에서

예술의 경지는
치닫는 절정과 감각적 저항에 대한
상상 속을 오가는
미로迷路 같은 선율의 아름다움에서 녹아나고 마는
감성感性인 것을
어쩔 수 없이 이름다움으로 몰리고 마는
산산조각의 촉감들은 절규絕叫를 에워싸고선
미학의, 그도 환상적인 미학의 함몰陷沒속으로 끝없이 밀려
가며
거대한 자석처럼
마치 지구의 중력을 의식하지 않을 수 없는 것 같은
위대하고도 장엄한 리듬으로 몰려와선
한 치의 오차도 허용치 않는
지휘자의 지휘봉 휘하麾下에 사열査閱되며
숨 막히게 내몰리고 있는 숙명적
인간의
마취의
극약 같은 아름다움의
그런 황홀함인 것을.

2012. 5. 10. 09:50-10:15

극치極致의 아름다움

누그러뜨려 주소서
극치의 아름다움에 깃든
걷잡을 수 없는 나를

희열과 고통을 겹치고만 이 떨림을
실신할 것 같은
이 순간의 흔들림을
누그러뜨려 주소서

관능官能과 수수함을 혼란케 하는
고통스런 이 번민煩悶을
어떻게 끌어안아야 하옵니까
더 다가갈 수 없을 것 같은 여기에서
이제 더할 수 없는 짜릿함과 황홀함을
어떻게 추슬러야 하옵니까

볼 수 있고
들을 수 있으며
다가갈 수 있는 한
차마 더 가까이 할 수 없는
저만치의 그녀 모습이여

그냥 이렇게만 이면서도 자꾸만 떨리는
아직은 너무 불같은 뜨거움에
이 심장이 차라리 식어지면
그때 가선
가만히 다가갈 수 있을까요

더 볼 수 없고
더 들을 수 없으며
더 떨리지도 않은 암중모색暗中摸索의 상태
우린, 그때 가선
이미 식어버린 두 손끝이라도 스쳐볼 수 있을까요
아직은 맥이 더 뛸 수 있는
그렇게 아늑한 여유가 기적같이라도 남겨졌을
그때 가선.

2012. 12. 22. 14:15-14:45

춤의 외모外貌

몸짓이다
가장 본능적인

움직임이다
어떤 저항에서도 없는 간섭받기 싫어하는

공간에서의 몸짓인 것이다
그렇기에
자유롭고 순수한 마음의 승화昇華일 수도
제한되지 않는 위치에서
제한되지 않는 공간으로 무한히 허용된
직선과 곡선의 률律을 깨뜨리지 않으면서도
원圓의 모습으로만 흐트러지지 않으려는
유연함이며
영감적靈感的 전율로 회오리쳐가는
희열일 것이다
그 어느 것 하나하나에서도

원초적 몸짓
아름다움의 승화昇華
온통 다이내믹dynamic화한
대자연의

거대한 숨결로 가둬보려는 열정적이며
기교技巧의 난해함까지도 이끌려간 함축含蓄
어쩜 적나라한
어느 야생 원주민의 해맑은 눈동자에서 돌출되듯 터져난
반짝이는 자국 같은 스침이 그려 논
순수 예술적
모습인 것을.

2012. 5. 22. 09:20-09:25

리듬rhythm체조

곡선이었다
원의 집합이었다
검은 눈동자의 정적靜寂이여
숨결마저 짓눌린
민첩하다 못해
떠 몰리고 만 환상 같은

흩날리듯 한 낙하에서
움직임은 선율이었고
촉감이었으며
여운을 남긴 한 순간의 파문波紋으로 감금된 채
모습의 모두는 꽃잎 그 자체인
바람몰이 같은 애교의 눈짓이었다
침묵에서 환호로
밀물처럼 썰물처럼 왔다가 사라져가는
우렁찬 교향곡의 휩싸임에
온통
리듬으로 에워싸졌으랴

점퍼에서 낙하의 거부를 조롱하는 희열喜悅
낙하이기 위한 그 공간을 한 몸으로 받아들여야하는 격정激情

가혹한 그 영광을
어떻게 어떻게 거절하랴
오, 아름다움이여!
아름다움이여!

휘어 감기는 몸짓에서
격돌했던 고요의 애달픔이여
차마, 멈춤의 리듬이었고
멎지 못하는 맥박의
식어지지 못하는
운명적
영원한 이미지image였네.

2012. 8. 12. 08:30-08:45
(2012. London Olympics 경기, 귀여운 소녀 '손연재' 를 보면서)

펼쳐지는 순간

피겨 스케이팅figure skating
그 아이댄스Ice Dance
하늘과 땅이 맞닿은 소리와 소리 벽의 응시
공간과 점유의 요동
직선과 곡선이 뒤엉킴
분출噴出과 침묵의 갈등
애련愛戀한 예술과 심오한 철학의 공유
선율旋律과 리듬rhythm이며 박자와 그 장단과의
불꽃같은 연이음과
쉼의 격정激情 같은 아름다운 하모니harmony로 나열되어가는
여울 같은 유연함과
순간을 도사리듯 민첩함에서 겹쳐져 가는
입체적, 평면적, 스침들의 아우름에서 빚어낸
멈춤 같은
꽃에서 나비로, 나비에서 꽃으로이고 싶어 하는 순간이여

회전에서 점프로
바닥에서 허공으로
원에서 타원으로 타원에서 원으로
멀리에서 가까이로 가까이에서 어쩔 수 없어 스쳐 비켜감으로
전율戰慄되며
부딪듯, 피하듯

닿을 듯 그러나 다시 멀어져버리는 애절哀絕함이여
숨소리 하나 틈날 수 없이 고요로 휘청거리다 되 안기려는

꽃잎처럼 찢어질 듯 펼치며 사방을 끌어안으려 손짓하듯 해
더 이상은 놓칠 수 없어
조화調和와 위치와 포착으로 격렬激烈히 포진布陣 해 가며
영롱한 빛으로 함몰陷沒시키고만
한 급박한 순간 희열喜悅인 것을
사방을 움켜 잡은
처절하리만큼 아름다운 질주疾走, 멈춤, 이끌림, 회전
오, 곡예曲藝여
겹친 한 쌍의
구름처럼 낭랑朗朗한 아이댄스여.

2012. 1. 25. 23:10-23:35

아직은 소녀

물속에서
금세 솟아난 듯한 모습
물방울이 떨어져 내리는 모습 그대로인
인어 같은 모습이여

머릿결 가지런히 내려져선 다시 웨이브wave로
초생달 같은 모양의 아미蛾眉 위로
반짝이는 이마
그 아래로 미끄러져 멈춘
더 다가오지 못하게 하는 듯한
동공瞳孔의 검은 빛
반짝이는 두 눈
사방을 휘두르는 듯이
사방을 휘감는 듯이
사방을 몰아쳐가는 듯이 내리쏘며
되받아치는 빛의 환호
몰아붙여 주변으로 다시 출렁이며 흩어져가는구나

숨결과 선율의 보비됨과
모습과 변형의 쌓임
격조格調 높은 리듬과 응시의 날카로운 눈동자여
혼란스런 아우름에서
환희와 격동의 파문波紋으로

심장을 파고 더는 거칠 줄 모르는 박수세례
아직도 풋내어린 가녀린 몸짓의
저 날렵한 점프와 회전에서
원과 반원의 베일로 숨어들며 춤추는
황홀한
빙판위의 곡예曲藝여

그 한 송이 꽃으로
피어난 것일까
온통 공간을 함몰시키고만
거친 숨결과 스치는 몸짓의 소리로만이
온몸이 공중으로 뛰어오르는 리듬의 충동을 어떻게 하랴,
어떻게 하랴,
'연아' 의 모습은
송이송이 꽃잎으로 흩날려
떨리는 가슴으로 스미어 든다, 바로 지금
오, 아직 이슬 머금은
유희적遊戲的 앳된 몸짓이여.

2012. 12.10. 10:20-10:45
(피겨 스타 '김연아' 가 NRW트로피 대회
여자 싱글 쇼트 프로그램 경기 출전 연기 중에서)

탄생 일주년

빛,
네 모습은
천사 같이
축복의 길목으로 따라 와선
세상에 빛이 되었다네
너를 맞이하려던 세상과 나를 기다리려던 세상
그런 기쁨으로
그런 희망으로
온 세상 품으로 안긴
부족함 없는 하루이었으며 행복한
순간이었다네

네 귀여운 모습
'예나' 야,
네가 태어나던 날은
그런 세상으로 눈부셨고
하늘과 땅에서 축복을 내린
영광스러운
새 생명 탄생의 위대한 사건이었다네

예쁘게 자라다오
내 손녀 '예나' 야.

2012. 1. 29. 00:50-00:55
(곧 3월, 손녀 일주년 생일잔치 축복으로 기다려보며)

제 2 부

시의 모습

시詩는

철학이고
미학美學의 간섭이며
체험의 옹이이고
감정의 수다數多다

시는
순간이고
공간이며
넓이일 수도 둘레일 수도
그 무게일 수도 또 그 폭일 수도 있는 요란한 변형이다

시는
감정의 옷이고
옷의 모습이며
모습의 허상 같은 혼란스런 박동搏動이다

시는
저지沮止고
한없이 멈춰진 우둔함이며
고해성사告解聖事를 하듯 참회慙悔하는 경건한 모습이고
오롯한 형태로서의 자태며
무엇과도 가늠해내지 못할 흔적이고
슬프도록 휘황輝煌한 빛일 수도 있다

시는
정연整然한 길의 아득한 영혼이고
생로병사의 험난한 배려며
열정과 인내와 고행에서 되돌아와 텃밭을 뒹굴고 있는
차라리 사랑의 흩뿌림이다

시는
내 영감靈感이고
내 동경憧憬이며
내 모습, 바로 그런 것에서 뒤적이는
아름다운 하모니harmony다

시는
그토록 찬란했던
그리고 고독에 함축되기도 한
여운餘韻이다.

2012. 6. 12. 17:30-17:45

시詩의 모습

흩어짐에서 모임으로, 둘에서 하나로, 기다림에서 만남으로
상상에서 현실로, 공감共感에서 일치로, 이념에서 사실로 몰려온
한 폭의 그림이었고
조각품의 현란함이었으며
쉽게 담아볼 수 없는 정립定立의 단어單語였다
기다리고 기다렸던
절정의 하모니harmony였다
모습으로도
상상으로도
느낌으로도 감금되어 멎지 못하는
자유로움이었고 행복이며
아름다움의 그 가장 원천인
샘 같은 모습의 쏟아짐이었다

서로 한번
우연히 마주쳐본 시선은 시어詩語로 빚어졌고
그렇게 서로를 알게 된 시詩의 몸짓 된 채
그 몸짓 하나 하나가
세상을, 세상을 모두 끌어안고 싶을 줄이야.

2012. 8.13. 09:05-09:10

시詩의 운치韻致

뭘 말하려는지
말 하려는 그 마음이 무엇인지
너무 할 말 많아
무엇부터 어떻게, 어떤 방법으로
어떤 이미지로 접근해야 할
그리고
못다 한 말, 그 말은
또 왜 숨겨야하는지
은둔隱遁이든 직유든 에둘러 굳이 그렇게
그렇게 말해야 할
겉치레여야 하는지를

있음과 없음
긍정과 부정
과거와 현재의 시간차를 일부러 말 하지 않아도 될
현재를
보물처럼 숨겨두듯 그렇게
고상할 수 없는
은유隱喩여야 하는지를

시는
아름다움이다
하고 싶은銀 말을 숨기지 말고, 쉽게

누구도 고심할 것 없는 보이는 바탕에서
아름다운 그 모습 그대로
빛깔도 이끌리는 선율에서도 설레는 듯한
싱그러운 모습에서도
가만히 달래듯이
조용히 조용히 그렇게 사랑스럽게 말하자
그 말 할수록 더 말해보고 싶은
불러볼 수록 더욱더 불러보고 싶은
언제나 그리움에 어려 있는
눈물겹도록 아름다운
그대
이름처럼.

2012. 7. 29. 08:10-08:19

입체적인 시詩

볼륨Volume도 있고
감각도 있고
느낌도 와 닫고
무게도 있었으며
부피까지도 차지하고 만
어느 공간의 점유占有

그 공간에선
기쁨도 왔다가고
슬픔도 가끔은 나들이 하며
분노까지도 곁들여 보더구나
그도 예술이랍시고
맵시도 괜스레 들락거리며
이따금 그림들이 기웃거려
빛과 소리와의 댄스Dance이려더니
마침내는
선율旋律로 묶이어지고
서로는 누가 먼저랄 것 없이
아우러져가

또 한 폭 그림으로 도드라지고
도형으로도 조각되어가서는

단어로, 문맥으로
행行으로 단락段落으로 먹구름처럼 몰려와
담백한, 한 편의, 시로
모든 것이 입체적이고
살아 숨쉬는
그렇게 막幕이 출렁이듯 뛰고 있는 모습이여
커졌다 작아졌다 하며
움직이고 있는 시의 몸체여
내 움직임 전부를 덮치고 만
운명 같은 촉감 적 이끌림이여.

2012. 2. 12. 23:30-23:42

그림이 한 편의 시詩로

굽이치는 강물
수직 하강下降하는 폭포수, 거기 피어나는 물안개
초록으로 빼어져가는 배경에서 가만히 움직여주는
싱그러움과 스치는 바람결의 떠밀림 같은 조화
산등과 산등을 걸터앉은
먼-산 고갯마루며
그 아래 차려진 초가마을
그 앞 정자나무
시선視線을 이끌고 만 아른거림 들이여

그림인지 풍경風景인지 너무 혼돈스럽구나
분명, 그림이었는데
보이는 것이 너무 선명해…

그림이어도 좋고
풍경이어도 좋은 저 강렬한 배경의
금세 일어설 것 같은 모습
모두가, 모두가 시詩의 폭으로 가둬져 버려진 채
선율旋律과 운율韻律이 차지해버린
아직 덜 피어난 단어單語의 싹인 양
신비롭도록
오선지五線紙에서 갓 탈피해 떨고 있는
음표音標처럼 몰려다니기도

심장을 짓누르는 중력으로 다가오는
감동과 희열
분노와 격돌
환희와 고뇌
사랑과 그 아픔 같은 모습으로, 날
송두리째 짓밟고 지나갈 것 같은

모두가,
모두가 시의 모습으로 내게 손짓하고
시의 어원語源으로 유혹하며
시의 문맥과, 어간과, 단락의 요란한 리듬으로 회오리쳐 와
순간, 환상 같은 전율戰慄에서
그만 내 온몸이 무참히 함몰陷沒되고만

오! 한편의 오롯한 시詩인 것을….

2012. 2. 20. 10:15-10:44

시詩의 야망 되어

낯선 지역
깊은 벽촌
모든 것이 새로운
빛과 모습과 생겨남과 사라짐
그 조용한 펼침에서
옥 같은 흙에 떠안긴
그리고선 그 위에
원목으로 기둥을
그 기둥 위로 다시 나무를
각도와 경사, 기울임과 기울어짐에서 맞닿는 힘의 비중으로
아우르게 한
멋진 집 한 채 세우려
그리고 사방을 창문으로이기 위한 한 단락段落의
황홀한 시어詩語로 엮은
고운 집하나 꿈과 함께 이려네

푸른 공기가
방 안으로 바로 통과해 주기를 바라며
남에서 북으로 아니면
북에서 남으로이어도
아니면 동과 서로도 마냥 좋은 걸
거기에

리듬이 통과할 수도
강약이 멈칫 멈칫 해볼 수도
기쁨과 슬픔의 수다로 그곳에서
간간히 한때를 머물다가게 할 수도
그렇게 멋진 집 하나 손수
당신과 나의 숱한 속삭임과 바스락거림으로
또 그렇게 바동거려본
금실 은실 사려가듯 곱게 엮어본
빛과 어둠까지도 하나이게 한
언제나 아늑한
머무름이기를

모습이 시제詩題로
자재가 어원語源으로
형식이 리듬으로 사뭇 흩뿌려 논 듯 한
사랑스런 시어詩語의 밭엔
몇 고랑은 채소로
몇 고랑은 화초로
또 몇 고랑은 엉뚱하게도 유실수有實樹로 야무지게 안겨놓고
사계절 진수성찬珍羞盛饌에서
꿈과 낭만을 향유享有하며
아직도

두렵도록 그때의 설렘이 덮쳐올 것 같은 그리움
그 솟구친 그리움이 서럽도록 치닫던 목전에서
울먹이다
한편의 시詩로 포착 되
화폭畵幅같이 변신하고 만 작렬炸裂한 순간이여!
카메라의 플래시Flashlight에 포획捕獲된
영원한 멈춤의 순간이여!
오, 아찔한 경시更始:ecommencement여!.

2012. 4. 8. 17:40-17:51

글쓰기의 진통 그리고 쾌감

표현 수단에서의 글쓰기
글쓰기의 방법에서의 선별
선별된 것에서의
어떤 말로 이어가야할
세포 같은 조직 구성원의
그 수많은 분자, 원소元宵
그리고 DNA의 모습 같은 응징膺懲을 위해

유일하고도 바뀔 수 없는
감명과 움직임과
형상과 부피며 무게를 변형해내는 형질形質의
그 모든
출범에서

선택과
선택의 그 전후에서 갈망되는
진통과 괴로움
그 괴로움으로
홀로여야 하는 스스로의 내분 격투 같은
정해진 사간과
한정된 공간
계약도 규약도 없는 틀에서 기계 부속 같이 망가져갈

어스러지며 닳아 없어져갈 그 처절한 움직임의
피동적인
멀고도 긴
깊고도 간결簡潔하기도 한
오직, 자신과의 인내에 포박捕縛된 채여야 하는
사련의 고통 속에서 희열의 발굴이나 기적 같은 발견을
해내야 하는
단어單語의 절박한
시어詩語여

한 자의 단어를 발굴해내기 위해서는
한 단락段落의 어휘語彙를 추적해보기 위해서는
얼마나 많은
피와 땀과 진통에 진통을 줄달음해야 했으며
그렇기에
더욱더 그 보석 같은 단어의 모습을 부둥켜안고
혼자 미치광이처럼 기뻐했고
그 단어의 빛으로
얼마나 많은 세상 스포트라이트Spotlight에서 희열喜悅하며
군림君臨하고
얼마나 오랫동안 세상 사람들에게 동경憧憬의 대상으로
질주하다

허공으로, 허공으로 비상飛翔하려 했으리
한 자의 단어를 구출해낼 때마다
격格과 격格에서 묻어나는
단어와 단어의 틈에서 묻어나는
어귀語句와
단락과
그 리듬의 하모니로 향기를 가둬놓기 위한
얼마나 술렁이며 파동하고 넘실되어 가려했던지
그런 모습이기까진
또 얼마나 고뇌만큼이나 설랬으랴

아름다운
눈부시게 아름다운
영롱하리만큼 아름다운
탄생이여!
기쁨이여!
한 알의 시어詩語로
박동하는 생명의 포효咆哮여!

2012. 4. 12. 08:30-08:50

차茶의 시詩

밤과 낮이 굳어지기 전
균형과 조화에 잘 다스리어져 빚어진 빛이여
혼과 육신이 혼미해
촉감과 미감이 아울려는 그 소망이 기어이
한 방울의 스침이었을 줄이야

온갖 번뇌
삶에서 그리움 같은 떠올림으로 달레고
희로애락이 파노라마Panorama처럼 스쳐가는 오늘 하루
기다림이 있었기에 스스로를 일깨웠고
그 정체성에서 모습을 엿보았네

연둣빛
색깔과 향기와 맛
너에게서 나에게로
나에게서 너에게로 오가는
우주에서의 공간과
침묵에서의 절벽과
회오리치는 협곡에서의 절박한 갈림으로
너를 부둥켜안으려는 어쩔 수 없는 집념이었기에

놓칠 수 없는
자연의 소리에 몸담고 마음 담아
시詩의 바스락 그림에서 소스라치게 놀라고
차의 선율에서 숨 막힐 것 같은 짓눌림을 받으며
감미로운 맛과 멋의 이끌림 따라 접어 들어간
빛과 향기에 서려 논
애절한 용해로
오늘은 그렇게 차 한 잔 떨궜으니
내 소중한
당신이 원하기를.

2012. 11.4. 15:15-15:24

제 3 부

설렘, 사랑 그리고 그리움으로

잊혀지지 않은 계절

기억마저 사라진다면
나는 어디에서 어떻게 내 마음을 달래야 하나요
어디에 내 마음이 안겨져서
이런 슬픔을 말해야 하나요

그냥 그렇게 우연히 만난 사람
짧은 단발머리
새하얀 칼라Collar의 교복
그렇게 돌아서면서 얌전히 가던
한마디 말도
어떤 언약도 없었던 무관심한
우리는 그냥 서로였던
그때가

잊히질 않고
끊임없이 되솟아나는지
이런 민감한 계절에서
서둘러 떠나는 수많은 모습들 앞에
그녀의 모습도 그렇게
아주 오래전
떠나간 줄 알았는데
그 모습이 아득히 먼 추억 같은 것이었는 줄로만 알았는데

그때
그 깔려진 단풍길
키 큰 버드나무 숲
나직한 앞산에서 마을 앞으로 해서
이 쪽 숲길로 돌돌 흘러가던
맑은 개천의 물소리
그 틈으로 간신히 서로 앞과 뒤를 두고
그녀는 볼펜을 쥔 채
나는 주름세운 군복을 입은 채 그녀의 뒤를 따르며
그녀의 뒷모습만 겨우 바라보았으며
어스름이 내려오는 초저녁 어느 날인가
그녀와 나는
그것이 만남의 처음이었고
그리고 지금껏 볼 수 없었던 마지막이었던 것을

지금처럼
무수한 단풍이 길목마다 뒤덮인
떨리고
설레던 그 계절이.

2012. 10. 27. 10:10-10:28

거울 속의 거울

고요의 고요에서
더 움직일 수 없는 고요로 멈춰선 그 곳
거기, 그곳은
나의 마음 펼쳐 논
내 마음 거울에서 비춰본
바로 나였다오

고요에서 고요로 건널 때쯤
소동이 잠시 있었다지오
미처 가다듬지 못한 마음 못나게 추스르려다
얼마나 미안했던지 말이에요
행여 부끄럼까지 몰려올까봐
떨기도 했고요

거기엔
빛깔도 보이질 않았고요
경사도 없었으며
속도도 무게도 느끼질 못한
모든 관심은 사라졌고
비어있음에서 홀로인
고해성사告解聖事같은 긴 침묵의
세상에서 제일 힘든

그 모든
오직 당신과 나의
거리낌 없는 대화로여야 하는, 그런 속삭임에서
한참을 누려본
아름다운 세상 풍경이었다지요

그 모습은
여태, 내가 원하옵던 것처럼
그렇게
내게 보여줘진 '믿음' 의 모습과
작은 소망 같이 맴도는 '권유' 의 알뜰함과
거절할 수 없는 '진실' 과의 버팀이던
마지막 메시지message였던 것을.

2012. 3. 24. 3. 23, 23:40-3. 24,00:00

맑은 아침

햇살이다
물방울이 톡톡 튀는 듯한
빛의 나열에서 턱걸이 하듯 방울들은 대롱대롱 그렇게 매달려
아침을 속삭인다
빛으로 밀려나간 어둠의 잔해가
겸허히 용서를 빌며
참회慙悔의 순간을 맞이한다
평화와 그 안식安息을 위해 마련해 논 사랑의 텃밭에서
살며시 물안개로 피어나 다가오며 손짓한다
거기, 그곳에서 함께이고 파

비켜나간 그 안쪽 비스듬히
희뿌연 안개를 관통해버린 이 아침 빛의 고백
말하고 싶어 기다리는 듯
맞이하고 싶어 비워둔 듯한 그 자리
먼 산 그림 같은 배경에 에워진 채 그토록 설레던
그 언약의 남겨진 말
그녀의 눈빛과 속삭이듯 한 나직한 목소리가
이 아침
순백의 빛
스밈에서 드러나고 말았다 더 피할 수 없어

아직도, 아직도 떠나질 못하는
가슴에 베여진 그리움의 언저리에
멈추지 못해 맴돌면서
그렇게.

2012. 12.16. 09:00-09:15

흰 눈처럼

모든 색상을 껴안은
포옹하고만 빛
순백의 그 어느 모습에서도 접근할 수 없는
모든 것이 멈췄고
모든 것이 승복承服된
모든 것이 제 모습을 드러낼 수 없는
고결하고
신비롭고
우아한 빛의
그 눈부신 모습이여

희고
새하얗고
말쑥하다 못해 장렬壯烈하리만큼 깔끔한
고요로 포장되고만 빛
그런 흰 눈처럼, 흰 눈처럼 당신은
나를 덮쳐버린 걸요

더 다가설 수 없는
여기에서부터 거가까지
생명이었고
느낌이었으며

어디쯤, 만남과 이별의 종착역 같은
멈춤이었던 건가요
그 어떤 것도
더 접근할 수 없는 흰 눈의 격렬한 발광發光!
눈부신 반사의
경계이던가요.

2012. 12. 28. 20:40-21:00

첫 사랑

끊임없이 질문하고
잠시도 놓치지 않고 노려보고
그랬던 순간을 안아보긴 너무
짧고, 작고, 부족해
맥이 뛰는 듯한 느낌으로 다가왔다 멀어지는
그런

사랑한다는 말의 반대는
차라리 사랑했었다고 말하리
그렇게
변하지 않을 것 같으면서도 변한 아픔
그 오래 동안
아니, 영원히 잊히지 않는
혼자만의 간직함이었던
그 한 순간을
그 모든 것들을

기억과
애잔한 그리움 같은 그림자로 날 배회하는
벗어날 수 없는
그대
그대 모습이여.

2012. 9.16. 01:30-01:36

지금은, 지금은 어때요

대답이 없으시겠지요
그렇군요
대답할 수 없는 당신의 모습이
언제나 그랬거든요
당신이
이토록 날 사로잡았던
그런 모습에서 나는
이끌리고
나는 모든 자유로움에서 해방될 수 없었던
바로
당신의 나로서만이었던
지금까지
그렇게만 나의 존재로 있어왔기 때문인 걸요
당신의 그 모습이

지금, 말하지 못하는 건
그런 이유가 아마 있으리라 여겨보면서
그렇게라도 달래보면서
내가
알지 못하는 그런, 어떤, 깜짝 놀랄 만한 충격으로
나를 질타叱咤 해올
새롭고도 또다시 놀라울

당신의
그 마지막
내게 건넬 말 한마디, 그 말에서
이제
나의 마음 접혀질 것 같군요
아직도
아직도 기억하고 느끼며
사무친 그리움에서
배회하고 있지만.

2012. 4. 15. 10:00-10:14

슈만과 클라라의 사랑

20살의 청년과 11살의 소녀
슈만은 클라라를
클라라는 슈만을 설레게 하는
그런 두 사람 사이를 갈라놓으려는
세상 모든 장벽도 더 있을 수 없는
그러면 그럴수록
두 연인의 사이는
눈물 젖은 서신이 수도 없이 오갔던 것이다
슈만은 작곡자로 비평가로 명성을
클라라는
점점 뭇 남성의 시선을 한 몸에 받는
아름다운 여인으로
두 사람의 관계는
점차 가까워져가는 연인의 관계로
그러다
어느 순간
격렬한 입맞춤으로…

그날 밤
클라라의 일기장엔
'어떤 난관이 있어도 난 슈만과 함께하라' 고
적혀있었다

둘의 관계를 거세게 반대하면 할수록
더욱더 굳어만 갔으며
그렇게 불타는 두 청춘 남녀를 때어낼 카드는
이미 아무것도 없었던 것이다
'아웃오브 사이트 아웃오브 마인드(눈에 보이지 않으면
잊혀 진다.)' 라지만
강렬한 사랑의 힘을 막기엔 이것 또한
견줄 바 없는 역부족이었다

그 애절한 사연은 그대로 슈만의 오선지를
사로잡았고
지워지지 않을 큼직한 충격으로
슈만은 클라라에게 클라라는 슈만에게로 파문되었으며
드디어는 법적인 호소에까지 이르러가
법정에서 판사는 '두 연인의 추호도 부담 없는
현실에 관용이 있음을 허용해 결혼 승인 허락' 승소 판결로
선언했던 것이다

위대한 사랑!
바로 그 사랑은
위대한 곡을 쏟아내게 했고 그런 원천이 되었던 것이다
슈만은 평생 작곡한 가곡의 절반이상을
바로 이때 쏟아냈다는 것이다

슈만에게 클라라는
창작의 샘을 분출시킨 '뮤즈Museum' 바로 그것이었고
슈만은
클라라 자신의 연주 속에서 계속 연주를 해주는 것으로
명곡을 쏟아낼 수 있는 이끌림이었던 것을
슈만의 음악은 그처럼
달콤한 사랑으로 깊숙이 젖어 기쁨과 슬픔으로 몰아갔으니
예술가의 사랑은
그래서 눈물겹도록
온 세상의 축복 아래 빛나는 것일까…

2012. 6. 23. 07:00-07:26

만약, 오직 만약이라면If Only

아무 생각도 더 하지 말아요
어떤 말도 하려
더는 생각하지 말아요
그냥 이대로의 모습
지금, 느끼는 이대로의 마음
그런 모습만
그런 마음만이면 더는
원치 않아요

사랑한다는 말
그 말밖에는 제겐 들을 수가 없어요
당신으로부터
왜 사랑하는지
어떻게 사랑하게 되었는지는 이미 아무 소용없는
세상 모든 것이
사랑의 모습밖에는 보이질 않아요
당신 모습으로부터의
내게로 다가오는 짜릿한 느낌이

가둬 볼 수 없는 느낌
멈출 수도
다가갈 수도 없는
흩으러지지 않은

두려우리만큼 강렬한 떨림으로
나는 멍들고 감금 되며
불타듯 회오리쳐간 뒤
그 비운悲運의 모습이 될지라도 슬퍼하지 않을
오직, 당신의 모습으로 가려진 나이니까요

당신과 나의
거리에서 슬픔을
공간에서 고독을
그리고 이별에서 분노를 가져온다 할지라도
만약
만약 지금의 모습인 그대로이기만 하면
오직 내 맘 지금 같이라면
당신을 향한 나의 마음
그 한 순간의 유혹 같은 강렬함에서
그대로 나는
이미 굳어버린 걸요

만약, 오직 만약
처음 우리의 모습이
당신과 나로부터 떠난다할지라도.

2012. 2. 11. 13:20-13:34

기억으로

만약에
만약에 기억마저 사라진다면

나의 전부는 마비되고 말
나의 몸과 마음은
한갓 허상으로
그냥 빈 공간을 나무짝처럼 채워 논
슬픔일 것입니다
스쳐 지나가는 그 한 순간마저도 송두리째 놓치고선
너무나 너무나 오랜 시간으로 겹겹이 덮쳐진
자꾸만 깊게 파묻혀만 간
그 상처의 아픔일 것입니다

훗날에 훗날에 그때 가서 말하려는
지금의 이 마음속 채워진
느낌과 떨림과
자꾸만 설레는 말할 수 없는 애태움을
그냥 가둬두고 싶어 한 그런 열정이 식어진다 하더라도
아직은 기억에서 살아만 있다면
아니, 사라지지 않았다면
그때의 모든 사실에서 나일 수만 있다면

나로 인한 당신의 모습은 영원할 것이며
당신이 내 기억에서 머물러준 까닭으로
나의 모든 지금의 혼란스러움이 사라져가
그때처럼 내 맘 가득 채워진
느낌과, 떨림과, 설렘에서
황홀하리만큼 혼미昏迷해진
사랑의 늪으로 빠져만 갈 것입니다.

2012. 4. 28. 22:30-22:38

내가 당신을 사랑하는 까닭은

나의 사랑은
나의 전부이기 때문이에요
나의 사랑은
내 영혼 이전에서부터
영혼의 끝이 없듯
내 사랑도 그렇게이고 싶어지기 때문이에요
사랑한다는 말
함부로 하기가 얼마나 두려운가요

나의 사랑은요
나의 모습이고
나의 마음이며
나의 끝없는 여로旅路이며
나의 유일한 희망이고, 기쁨이고,
언제나 나를 열정으로 몰아가는 젊음의
원천이기 때문이에요
만약,
만약에 그런 사랑이 내게서 어느 날
만약에 사라진다면 나는
한갖 허울이고
부적절한 위치에서 내몰려다니는
그런 불편한 모습으로

이 아름다운 세상에서 사라져야할 슬픔일 것이겠지요
내가, 당신을
사랑하지 않을 수 없는 것은
내가, 이미, 당신으로부터 너무 많은 영감靈感을
그도 충격적으로
힘들고 어려울 때 기류氣流 같은 순풍順風이 되었으며
내 삶의 그 어디에서도 놓쳐지지 않는
공간이었고 존재였으며

머뭇거려
잠시 길목으로 기웃거려 본
가둬둘 수도 없는
스산한 희로애락의 원천이며
그나마 보채보려는 한없는 허전함에
한 치의 여운餘韻마저에서도 놓치지 않으려는
정결淨潔하게 불태워 보리라는
오롯한 희망이기 때문이에요.

2012. 3. 31. 08:45-09:10

오직 당신을 위해

빗물이렵니다
마른 대지 위를 적셔주는
얼마나 기다렸던 애태움을
미리부터 알고 있었기에 그러렵니다

오늘은
당신의 마음이 되어보렵니다
하루에도 수십 번 변덕이 되어보던
종잡을 수 없는 마음에서
결정해볼 수 없는 단념에서
갈 수도 올 수도 없는 뒤흔들림에서 혼란했던
온종일 부산한 당신의 피곤함을 위해
오늘 하루쯤은
당신의 마음으로 갈아입고 나서보렵니다

그러면
당신이 온종일 왜 그렇게도 천방지축으로
날 만나볼 시간도 내질 못하고
내게 서운하게까지 했는지를 당신을 위해

나만의 몫이 아닌 세계
나만의 몫이 아닌 하루

나만의 몫이 아닌 내 마음의 범주範疇를 몰고다니며
이렇게도 저렇게도 해보고서

제일 좋은 곳으로
제일 아름다운 모습으로
제일 멋있는 방법으로 당신을 기쁘게 하려 그러렵니다

잠시만
기다려주신다면.

2012. 7. 9. 09:50-10:11

몰랐던 1초의 품

동공瞳孔과 동공의 만남
그 순간은 1초 이전에 이미 만났다
빛보다 빠른

모습이기 위해
원인은 고뇌 했고 버팀이었으며
이미 결과였던 것이다
사방을 위해 태두리가
내려놓기 위해 바닥이
만남을 위해 외로움이 먼저 와 있었고
떨어짐을 위해 추락은 그렇게 진행중이었다
입구는 출구를 위해
원인이었는지도 결과였는지도 분별 못하는 처지가 되었고
남겨진 부분과 남겨질 부분은
처음과 끝으로 이미 일그러져 있었다
이 모든
1초가 넘어서고 만 모습의 순간부터였던 것이다
놓쳐버린

영원히 각인刻印 될 아름다움
그 순간에 매료된
빛의 성찰省察에 사로잡히고 만

그 한 순간의 앞과 뒤엔 천당과 지옥이다
극과 극의 충돌이기 위한 버팀이기도 하다
다시는 고쳐지지 못할 시작이 된 것이다
이미 결과이기 때문이다
사랑과 미움도
기억과 잊힘도
점점 멀어짐과 점점 가까워짐도
기쁨과 슬픔 따위도 놓치고 만 그 이전
나는 반해야했고
반해야 했었으며
이미 그것으로 끝이어야 했던 것을

왜냐하면
그녀를 보던 그 순간을 놓쳐
지금도
이미 반생을 놓쳐버린 지금까지에서도
더욱더 걷잡을 수 없는
아쉬움과 슬픔
그리움으로 휩싸인 혹한 고뇌의 그 반대편인
넉넉한 1초의 품을
몰랐던 것이다.

2012. 12. 10. 09:35-09:56

기적

걷고 뛰고 춤추고
노래하고 웃고 어루만지고 하는
모든 순간이 모두 기적일 것입니다

가장 먼 것처럼
가장 가까운,
최고의 소중한 것처럼
마치 없는 것 같은 미미함,
확률조차도 가미될 수 없는 것처럼
너무 많고 단순한 것에서인

모든 것들이
그것으로 인해
그것이 있어 일어나는 것인 줄 모르는 동안에
변화는 생성해가고
어떤 물리적 화학적인 것도 아닌 것에서
새로움이 일상의 모습에서 드러나는 것이
기적일 것입니다
말의 향기에서도
작은 몸짓의 움직임에서도

빛의 발생과
어둠의 환란 같은 대립에서도 난색하지 않는
아름다움의 집중!
가장 여린 것이 가장 강한
망가지고 일그러진 모습에서
나를 사로잡고 마는 매력
그 모든 순간의 떠받침이
일시에 분출되는 것인 줄을
무관심으론 보이질 않는
기적의
이토록 안타까움일 것입니다.

2012. 12. 4. 16:05-16:20

마지막 춤last dance

이별이었을 줄이야
그런 모습이

푸른 하늘도 더 이상 아니었고
파-란 잔디밭을 뒹굴며
질투하는 바람은
이제 그만 사라져갔네
우리들의 향연饗宴에서 그렇게 춤을 추던

내가 먼저 이끌어볼까요
아님, 그대가
누가 먼저라도 괜찮아요
거기와 여기에서 그 거리만큼에서만
다가왔다 멀어져 봐요
너무 오래면 지금처럼 또 바람이 스쳐요, 질투 같은

당신의 체온과 나의 체온이 와 닿는
짜릿한 손끝으로
그 체온 합쳐 봐도 좋고요
촉감으로 교환해 봐도 좋아요
거기에
모든 공간과

어떤 말을 하지 않아도 다 알 것 같은 느낌이 있어요
순간을, 이 순간을 놓치지 말아요

지금, 이 모습
지금, 이 느낌
지금, 이 공간의 그 모든 시야에서 멀어지지 말아요
이제
밤이 깊어 가는가 봐요
내일이면
오늘이 더는 아닌 다른 세계가 오라라는 걸
이 너무 두려운 걸 알면서도 생각하고 싶지 않아요
쏟을 수 있는, 모든
당신의 것과 나의 것을 다 해서
폭발이 되어도 좋아요
열정의 불덩어리를 합쳐요
지금까지 억눌려 왔던 그 모든
말과 행동과 드리고 싶은 모두를 말이에요
이 시간이 지나고 나면
모두가 소리 없이, 흔적 없이 다 사라진다고 하지 않아요
손은 손끼리
발은 발끼리
마음은 마음끼리 합쳐 지금을 정지시켜놓고

한 순간의 놓침도 없이
휘감는 선율로 휘장하고 하모니harmony 된 채
높이도 넓이도 의식하지 말아요, 오직
스텝Step에서 스텝으로
어긋나지 않는 종횡의 무드mood로
이젠, 은빛 반짝이는 천으로 엮어 봐요
내가 당신께 드릴 수 있는
당신이 내게 건네 줄 수 있는 그 어떤 것까지에서도
우리가 지금을 빼앗겨야하는 아픔을
대신해서는….

2012. 5. 2. 15:15-15:25

빛바랜 편지

나는
갈 수 있을까, 거기를
날마다 생각해보며
울어야할지 웃어야할지
아무리 생각해도 믿어지지가 않는
여기에서의 거기는

너무 먼 것 같아
왠지, 슬퍼 만질 것 같은 애절한 내 마음을 가눌 수 없어
새하얀 봉투 안으로
하루에도 몇 번씩이나 드나들며
길을 몰라
갈 수도 없어 헤매는 마음인 걸

그때도 그랬고
지금도 그렇고
날개가 있어도 날지 못하고
길이 있어도 갈 수 없는
거기는 여기와의
멈춤이고 금지였으며 냉혹한 사절의
겹겹이 가려진

그래서
타임머신time machine 같은 시간을 애걸하며 흥정해보고
극과 극의 상태를 차마 저울질해야 했던
기다림과
가지 못하는 두 마음의
찢어질 것 같은 한 마음으로

언제나
머물러 있는
부족해 봉할 수 없어 보내지지 못하는
이직도 허전함만이 채워져 있는
아직도 여기에서 머물고만 있는
빛바랜 편지여.

2012. 5. 30. 15:50-15:58

제 4 부

아름다운 대자연

초록

초록은 세상에서 제일 아름다운
빛이다
만약, 초록이 없다면
초록빛이 사라진다면
암흑보다 더한 두려움에서 뭇 생명은
불안해 할 것이다
왜냐하면 초록은
희망의 빛이고
기다림의 빛이며
사랑의 빛이고
생명의 빛이기 때문이면서
온 세상 아픔을 품어주는 치유의 빛이기도 하기
때문인 것이다

초록은
과거의 기억이고
현재의 진행이며
미래의 그 마지막에서
이 몸 뉘어볼 영원한 양탄자인 것이다

초록은
초록빛은
하늘 그 자체이고

땅 그 자체의 앳된 모습인 것이다
나의 귀와 눈을 놀라게 하는
바로 그대와의 첫 만남인 순간 같은
그때
내 모든 슬픔 다 덮쳐버린
그런 눈부심이다
언제나 운무雲霧 드리고서.

2012. 7. 13. 09:00-09:24

눈부신 아침

초록이
빛과 싱그러움을 몰고 와
아침 햇살에 부딪치면서 그만 그 풋내까지 모두
폭발된 채
눈앞을 가리고 말았네
도저히 눈을 뜰 수가 없구나, 눈부셔

햇살은
무참히 아침을 짓밟고 초록을 후리치며
지상에서
한때 소동을 하다기 들판 저편으로 밀어내다 못 해
산을 넘어뜨리고
짙푸른 하늘
광활한 우주를 내몰려
초록 천지를 외쳤다
강한 빛으로
내 눈 언저리까지 덮쳐버리고서

두들기면 깨어질 것 같은
투명한 시야視野의 이쪽과 저쪽의 경계,
예리한 듯 눈이 시리도록 맑은
저 풀잎 끝 하나 너울 되는 것까지도 또렷이 드러난

정제精製된 맑은 공기의 품안에서
빛의 맞이함은
경이驚異롭고
영롱한 맵시의 한 순간을 품어낸
그림 같은 아침 배열이었네
뭇 생명의 격정激情이었으며
황홀한 솟구침의
내 가슴인 것이다.

2012. 8. 26. 07:40-07;54

늪을 숨겨둔 짙은 안개

어렴풋이 아늑한
멈춰 논 작은 배 하나
고요에다 가둬두려 애태우고 있는데
어디선가 SOS인양
짙은 안개와 겹쳐진 고요를 뚫고
쏟아지는 것이 있었으니, 햇살이었던구나

태고의 신비
아무에게도 보여주지 않으려던 속살
우연은 아니었으니
날마다, 날마다 찾아와 달래던
간절히 바라고 바라던
그 모습 담으러 달려온 어느 '무명작가'
그렇게 열애熱愛하고 그렇게도 짝사랑하던 네 모습을
그 신비로운 속살의 비경秘境을, 살며시

가슴 뛰는 그 선물
안개의 섶으로 고이 가둬 두어둔 늪의 모습
더 이상 버틸 수 없어
이제 그만, 무너지면서
내 사랑 모두 받아주려 하는 건가요.

2012. 8. 2. 07:30-07:50

아침 이슬의 수다

언덕 저 너머엔 언제나
동녘의
여명黎明같은 싱그러움이었고
그 싱그러움에서 묻어난 풋내와
숱한 이슬방울들의 속삭임 같은 다정함이
그래도
다가가질 것이라는 기대와 설렘
그 설렘에서
불현듯 솟구치는
나의 애잔한 그리움이여, 그리움이여

이슬방울은 언제나 저들끼리 뭐라 속삭이는지
아마도
그녀와 나의 비밀스런 그 많고 많은 사연의
질투 같은
아니, 너무나 슬픈 사랑의 흩어짐 같은
그 조각조각을
앳된 풀잎에다 아프지 않게 떠받쳐줘
햇살의 구호를 간절히 요청하는
반짝임의
예쁜 몸짓일 거야.

2012. 8. 6. 15:10-15:23

초록으로

내 자식 같이 키워온 여린 모rice-sprouts가
이젠, 제법 커서 옆가지를 펼치려 하고
폭풍우가 몰아쳐 와도
이제는 조금 덜 염려스러워
뭇 잡초들과의 경쟁에서도 살아날 것 같구나

채 채워지지 않은 옥답
조금은 빈 곳엔 틈틈이 채워가며
행여, 느닷없이 불청객이 자리 차지한 건
죄송하고, 또 죄송하고, 죄스럽기까지 하지만
잡초라는 그 이유 하나만으로 어쩔 수 없이 너를
제거해야 하는
이 농민의 심정 헤아려주렴

푸른 빛
연초록에서 이렇게 조금씩 짙어가는 초록
생각만 해도 푸른
이 푸름 속에 내 온몸이 파묻힌 건
얼마나 행복한 순간인지

수없이 많은 대화가 오가는 '초록과 나'
네 모습은 점점 더 예뻐지는
앳된 숙녀의 모습처럼

토라지고 되안기고
날 종잡을 수 없이 변덕스러운 그 몸짓과
반짝이는 눈빛이며 나직한 속삭임
온통 꽃송이 같은 싱그러운 초록에서의
이끌림이여

들판은
초록으로, 초록으로 스며가고
초록의 모습으로 탈바꿈하며
초록의 움직임으로
선율과, 향기와, 리듬과, 거대한 옥타브Octave의
일사불란一絲不亂한 지휘채널 같은
아주 또렷하고
그렇게 박동搏動하는
숨 막힐 것 같은 꿈틀거림에서도
초여름 햇살을 황급히 맞이하려는지

나를 압박하려는 짓푸러 가는 대지가 사방으로 뻗혔네
영롱한 초록이여!
눈부신 초록이여!

2012. 6. 29 08:10-08:34

아름다운 예술

초록빛에 놀랍고
파-란 하늘에 더욱 새로웠다
아침 맑은 공기에 감사했고
그 공기를 스쳐가는
작은 새들의 지저귐이
오늘 아침, 오늘의 하루를 예감하려는
멋진 시작이고 설레는 촉감 같은 속삭임으로
나를 알게 하는 한 아름 선물을 받은 것 같은
기쁨의 메시지였다

아름다움은
내 안의 것이다
어떤 의식도, 간섭의 피해자도 아닌
바로 나 자신
이외의 어느 것도 대항할 이유가 없는 것이기에
나의 것일 뿐이다
어떤 경쟁도 아닌
자신과의 느낌과 향유할 뿐이기에
모든 구상에서부터 그 결과에 이르기까지는
끝없는 비상飛翔이고
자유이며
무한한 아름다움의 펼침인 것이다

바로, 예술의 경지에선
그 깊이 것 높이 것 원 없이 사랑하려는
아름다움이
그 이유일 것이다.

2012. 9. 23. 08:40-09:00

그림 같은 아침

그리 멀지도 않는
앞산 자락을 살포시 건드리는 아침 안개
이제 겨우
아침 햇살이 스며진
산언저리 같은 곳에선
어쩜 연무煙霧인 듯한 희뿌연
아침 햇살이라도 가려볼 듯이 펼쳐진 베일Veil의 그 뒤론
속삭임이
금세라도 들려올 듯해
이 아침은 온통 설레며
산 아래 아직 어둠이 채 가시지도 않는
소란함이 밀려가느라고
분주하구나

은빛 찬란한
아침,
강변으로 자욱한 물안개가
도저히 더 뜰 수 없어 주저앉고 만
그대로 강바닥으로
만삭의 산모처럼 눌러앉아 그 자리에서만 숨 가빠 하는
너무나 짙고, 맑고, 새하얀
그리고 내면의 아름다움을 통째로 안은 채
기쁨 같은 느낌과, 기다림과, 희망어린 그런

아침의 안개와
싱그러움
싱그러움에서 자아내는 배경과, 가득참과, 그 가쁜 선율의
곤두박질 같은 화음으로
겹치고 포개고
짓누르고 압박해가는, 이 순간
짙은 물감 같은 감정의 폭발을 달래보는
아무래도
벗어날 수 없는
화폭畵幅 안으로만 몰리지 않을 수 없는
한 폭
그림 같은
그림 같은 아침인 걸.

2012. 6. 5. 07;10-07:24

만개滿開의 꿈

꽃 무덤 같은 꽃이기 위해
터져나다 찬바람에 망가져도 좋으련만
날 반기려는 사람이 너무 많을 것 같아
멈출 수 없다네

어느 날 갑자기
천지에 꽃으로 뒤덮이고
그 향기 스며들어
뭇 생명들에 잔혹한 위협이 될지라도
이 몸 담보로 한
이미 사멸의 절박함에선 더 멈춤을 거부할 수가 없다네

꽃의 맵시와
꽃의 향기로 떠받혀준
공간,
길고도 짜릿한 협곡峽谷을 거쳐 나와
부딪고, 겹쳐지고, 소용돌이치도록 무참히 보비되던
꽃잎과 꽃잎이여
부서져 간 영혼으로 혼절昏絕한
지금을 묶고도 그때를 나열해내려는
처절함에서
정녕, 봄은 날 배신할 순 없으리
이 터져나려는 모습을 보고선.

2012. 3. 9. 10:10-10:24

꽃, 피어남

네 모습에
바람 스칠라
네 눈부신 모습에 벌 나비 눈 멀라
초록 언저리에서 다소곳이
꽃대 어느새 뻗어 올라
절정의 순간을 맞았으니
아름다워라
저, 눈부신
황홀한 매료여

노-란 꽃술 뒤덮어 쓰고서
아직은 덜 붉은 듯 연분홍 설익은
겨우 모습으로 드러나고 있는 꽃잎
그 작은 모습
행여
내가
이렇게
널
쳐다본다고 해서 멈추지는 말거라
두려우면
나도 몰래 보려무나.

2012. 6. 8. 08:05-08:14

'꽃' 에서

생각만 해도
상상만 해봐도 설레는
그 모습과
그 빛깔과
그 향기에서 당혹할 것 같은

아무 일도 손에 잡히질 않는 온종일
'꽃' 이라는
상상의 아름다움에서
자꾸만 떨리고 멈추지 못해 서성이는 걸
어떻게, 어떻게 해야 하나요
'꽃' 을
볼 수 있다는 기대며 그 기다림의
이 한 순간
걷잡을 수 없는
불현듯 솟구치는
감명感銘을 어떻게, 어떻게 해야 하나요

'꽃' 이라는
이름만 생각해도
내 모든 수심 다 사라져가고
'꽃' 이라는

모습만 상상해 봐도
내 깊은 주름 다 펴져버릴 것만 같아
거기에다
향기가
만약에 향기가
예상치도 못했던 향기가 덮쳐버린다면, 난
난 그만
온몸이
통째로 마취된 채
아마도
내 몸을 온통 다 멎어버리게 해, 선 채로
숨도 더 들이쉬지 못할 거예요
꽃에서
놀라.

2012. 4. 12. 19:40-20:00

5월의 기적

아카시아 꽃이
나직한 산비탈의 물결 되고
그 향기 스치는 곳곳엔
어스러질 것 같은 진동으로 덤벙대고 있는
보이지도 들을 수도 없는
스밈과 짓누름과 휘어잡는
새하얀 빛깔의 선율로
산비탈에서 평원으로
평원에서 마을 앞까지 밀고와선
청 마루 앞
방문을 왈칵 덮쳐버렸네

출렁이는
흰 파도 같은 모습과
연초록으로 애무하려는 유혹
나들이처럼 서성이다
그만 스치듯 지나며
내 코끝으로 송두리째 잠입해 와서는
질식할 만큼이나 덮쳐온
그 향기 짜릿함이여

저토록 흰빛, 무수히 많은 응어리에서
갓 푸르러 가는 이파리들의 틈으로 내미는
혼란스런 수다數多여

배경은
한 폭 그림으로 머물고
그 폭에 파묻힌 내 마음
종잡을 수 없는 설렘으로
충격적, 저항해볼 틈도 없는
무참히 함몰陷沒되고 만
오, 눈부신 5월의 분출噴出
5월의 기적이여!

2012. 5. 13. 06:20-06:43

정교한 대자연

바람과 구름
지열地熱과 태양과의 그 밤과 낮
해양과 육지와의 오묘한 조각품인 지구
우주에서의 겨냥은
실로 장관이고
아름다운 별의 애교며
그 유혹에 이끌린
자전과 공전의 리듬에서 순화하는 한 송이 꽃처럼
한 순간 머물다 갈
대자연의 아름다운 펼침인 것을

작은 공간
자기만의 세계
아무도 모방하지 못했던 첨단 기교技巧의 예술
모든 영역과 시간의 배려도 감춰진 채
틈과 각도와 거리며 순간까지를 재료로 한 작은 움집
그렇게 감금된 한계의 폭을 다스려
지구상에서
오롯이 누리고 있는 설치류의 작은 동물인 '프레리도그'는
땅속 둥지가 경이로울 정도로
자동냉난방과 습도조절 시스템을 갖춰

여름에는 신선하고 겨울에는 따뜻하며
습도는 70~80%로 유지되는
궁궐 같은 둥지를 만들어 살며

'흰개미' 는
자기키의 1000배도 더되는
6m 높이 정도의 둥지로 건축해선
자연공기순환장치를 통해 탄산가스를 배출하고
섭씨 5도 이상으로 낮추어 냉각효과까지를 얻는다고 하며

포유류 '비버' 는
본능처럼 둥지를 짓지만
그 정교精巧함은 예술의 극치인 것이다
그렇게 댐을 짓고 습지를 만들어 자기만의 요새要塞를 완성
하는 것이며

'육각형의 벌집' 은
벌이 최소한의 밀랍으로 최대의 공간을 확보하기 위해
기울인 노력의 성스러운 결과물에 가까울 정도이고

왕거미의 집을 구성하는 '거미줄' 은
0.01mm밖에 안 되지만 같은 굵기의 강철에 버금가는
가히 경이롭도록

높은 장력과 유연성을 지닌다고 하니

자연에 순응하는
저들만의 경제성과 효율성을 지닌 극대화의 운치韻致
작고, 너무 미미하지만
어떤 간섭도 없는 조용한 순응順應
조용한 아름다움 앞에
인간의 번뇌가 너무 바보스럽구나.

2012. 4. 30. 09:00-09:20

작은 돌멩이의 만족

이만큼의 몸이라면
그 어디에서도 방해함이 없는
때론
거대한 축의 그 한 일부일 수도
갓 생겨난 새길 그 진흙을 떠받쳐주는
길손의 좋은 벗일 수도
어떤 영역도 필요 없고
어떤 위치도 선택하지 않으며
어디든 떨어지면 내 좋은 안식처인 걸

거기서 머물다보면
반짝이는 조약돌이 되어보기도
흙과 더불어 천만 년, 흙 속에 옥이 되어 엉켜진 채
언제나 내 본연의 몸빛은 그대로인 걸
희지도 검지도 않은
보일 듯 말듯
천박한 듯이 희미해있는 빛
빛은 변덕 없이 있어만 주는
고매하리만큼 사랑스런 모습이려니

나는
작은 하나의 몸짓이지만

우주의 공간을 차지하고 있는 위대한 조화이고
나로 인한
다른 모든 것과의 거리를 조성하며
공간의 측정과 무게의 조율까지
어느 것 하나에도 결코 버려질 수 없는
내가 없으면
그 모든 것은 생성사멸서生成死滅을 탐낼 수 없으며
우주 만물의 순리요 섭리攝理며 또 운명의 혁신일 수 있는
소중하고!
아름답고!
그리고 행복하며 마냥 기쁘기만 하는!
모든 것이 더 필요치 않는
충분하고도 더 넘쳐 어디든 떠돌고 있는
이 세상에서 제일 행복한
모습이라오.

2012. 2. 14. 15:35-15:45

물개구리 소리

초여름
초저녁
아직 달이 뜰 듯 말 듯한 어둠의 섶에서
고요가 짓눌러버린 한적한 시골길
겨우 걸어서 지날 수 있는 오솔길로
넘칠 듯 가득 실려 있는 무 논을 지날 때 쯤, 갑자기
물개구리 소리가
사방을 포획捕獲하듯이
출렁이는 물결 틈으로 비집고서는
힘차게 범람氾濫해 앞길을 막아섰다
길이 보이지 않을 정도의 짙은 회오리 같은
강렬한 화음和音의
거대한 오케스트라orchestra가
한 지휘봉 휘하에서
돌출되어 연주해 나가는 듯한

거기엔
어떤 소음도 접근될 수 없는
깊고도 높은
넓고도 긴장된 높낮음으로 옥타브Octave를 조롱하듯
희미한 달빛에 떨리면서
내 심장까지 파고들어버려
청아淸雅한 짓누름과,

경쾌한 요동과
휘감기는 여음餘音이 떨리는 듯
그러다 조용히 멎어가기도 하는 앞길은
저절로 휘어져가는
논바닥 전체가 들썩거리고 있는
온화穩和한, 희미한 어둠과
이제 곧 달빛이 잦을 것이라는 설렘인
한없이 아늑한
이 고요의
나만의 세계와 그리고 철썩이는 물결이여!
저 물개구리의 천국인
이 순간, 이곳이 점령되고 만
우렁찬 합창의 소리여!
오, 영롱한 감미甘美로움이여!

2012. 5. 26. 16:10-16:21

대지大地의 광란

숲과 안개의 치근댐이여
노을과 어스름이 머물려다 그만
바다에 모두 빠져버렸네
어디선가 짓누르는 듯한 트럼펫trumpet소리에서
깨어나 보니 이미
햇살은 저만치에서 슬픔을 온통 쏟아
핏빛으로 물들여버리고
아련한 이별의 소리로
꼬리에서 꼬리로 이어져 가며
그토록 아쉬움을 예감해 보는지요

아쉬움에서
바다를 떠밀고 다니다 지쳐진 듯
산기슭으로 몰려와서는
산의 능선과 계곡과 산자락까지 안고서
산봉우리를 절묘絕妙하게 그려놓고
숨 쉬는 소리가 들리는 듯한 소근댐이
그 안개의 깃으로 휘어져가며
통째로 떠안고서
어디론가 둥둥 떠가는 것 같은
안개에 점령된 산과 바다여

마지막
노을빛까지 감추려고 덤벼오는
눈부신 빛
황홀한 착지着地
고요한 범람氾濫이여
아름다운, 혼란스럽도록 아름다운
저, 대지의 광란狂亂이여.

2012. 7. 8. 22:40-23:05

늪의 박동博動

공기방울이
그 속에서 떠올랐다. 우주를 보기 위해서다
깊은 침묵과 멈춘 고요
아직 깨어나지 못한 사랑의 곁눈질 같은 몸짓일 것이다
귀엽도록 예쁜
잠시 비집고 나온 그 움직임이

생명이란 생명은 다 품어 안은 거기엔
태초의 생성사멸을 교육하고파
새로움의 출산이 이룩될
지구상에서도 제일 신선하고 그러나 제일 격렬하기도 한
그 마지막 초록의 형성이기 위한
그 마지막 생명 덩어리의 태동이기 위한
장엄한 박동이었으리
일그러지고 못난이들의 어쩔 수 없는 수용이었에
스스로를 포기 하게한 채 떠밀려와야 했던
가장 낮은 은둔隱遁의 품
아늑한 은둔의
그렇도록 찬란한 박동이여.

2012. 6. 23. 08:20-08;46

아름다운 대자연

물안개 치솟는 호숫가
그 호수를 감싼 나직한 산자락의 휘청거림
덮쳐질 듯 덮쳐지지 않으려는
물안개의 수면 위를 오르내리는
아직은 여명黎明의 희미한 조명이여

은빛 반짝임에서
무수한 소란이 쏟아져 내리고 있고
모습마다 새롭고, 신비롭고, 아름다운 형형색색의
전혀 다툼 없는 나열에서
제대로의 모습을 숨김 없이 드러내려는 작은 몸짓들
그 착하고 예쁜 마음 가득 어려진 채로인

오늘은 호수에서
내일은 산자락에서 에워싸여져 보며
가난한 시인의 빈 봉투에다
알차고 당돌한 시어詩語 하나
이 얼마나 오랜 고뇌의 보석 같은 반짝임에 안겨
그토록 머물음이 나의 것이었을 줄이야
오, 대자연의
저 격렬激烈하도록 아름다움이.

2012. 10. 25. 08:00-08:15

내가 살고 싶은 집

높은 집이 아닌 낮은 집으로
철근 콘크리트가 아닌 흙벽돌 나뭇가지로
보일러 난방이 아닌 구들 온돌 황토방으로
불빛 반짝이는 번화가가 아닌
작은 불빛 아담한 초야草野의 기슭으로

거기
희미한 달빛 받으며 앉은 툇마루며
겨울엔 누樓마루에서도
왕소나무 엇비슷이 절반으로 토막 낸 탁자 하나 두고
무쇠 주전자로 끓인 따끈한 차 한 잔이면
밤늦도록 정담 나누던
그러다 그대로
마룻바닥에 등대고 잠을 청해보는 그런

시원하고
조용하고
풀벌레 소리에 넋을 잃어보는
그런 산간벽지山間僻地에서

집 앞 장송 한 그루가
장승처럼 버텨주고
뒷문 밖에는 사철 푸른 대나무 길숙이 에워싸여진

앞마당 작은 우물에선 언제나 마르지 않은 샘물 넘쳐나는
오가는 이웃, 인정 어린 이웃이 있는
그런 곳에서 그렇게 살고 싶은

나직한 야산 자락
새벽안개
저녁노을
때론 달빛에서
때론 가을 햇살 반짝이는 들판에서 온종일을
그리곤 저녁땐 산사의 계곡으로 출렁이는 물소리 가득한 곳
그런 곳에서 내 전부를 맡겨보는 그런
나의 집
작은 초가의 안온安穩한
밤새도록 따끈한 황토 온돌방인 그런 나의 집 하나면
고요로 휩싸여 평온한 그런 나의 집 하나면.

2012. 10. 15. 15:00-15:15

산!

구름 위에 뜬 산
안개를 유혹하려다 구름의 섶처럼
걷잡을 수 없는 떠밀림으로
숨었다 드러내고 또 숨었다 드러내며
거기서 날 따라오라 손짓한다

갓 그려낸 수채화의
아직 화선지도 마르지 않은 것 같은 한 폭 그림
그 산이 숨겨진 듯
배경을 서둘러 배열해가는 모습이다

산 아래는
희미한 안개가 떠받치고
안개의 품속에서
한없이 깊어가는 적막을 겹겹이 에워싼 채
온 세상이 멈춘 것만 같은 고요의 기류가

사방을 포진布陣해가며
멈춤을 내 숨결 내쉬는 바로 앞까지 덮쳐와
두렵도록 짓누른다

산머리 저쪽
아직은 노을이 어려
초저녁 알 수 없는 베일로 그 산을 감싸고서
점점 멀어짐을
눈빛 슬픔 어린 미소가
칼끝 같은 가슴으로 후벼 오는구나
싸늘한 만남과 이별의
말 없는 모습처럼

산은 머물러있고 또 그렇게 한참을 멈춰선
한없이 애절한 운무雲霧에
몸 둘 바 모르는 구나.

2012. 11. 10. 11:30-11:54

산의 경지境地

우아優雅하다못해
수려秀麗한
언제나 운무雲霧에서 깨어나지 못하는 기암奇巖 바위
그 모습 신비롭도록 천애天涯의 기교技巧로 조각된
감히 인간의 손끝으론
상상할 수조차도 없을 만큼이나
하늘을 찌를 것 같이 더 높은
그리고 뾰족한
장엄莊嚴한 설교說敎 같은
천하를 호령하는 것 같은 자태姿態인 것을

바위와 바위로만
서로 버티고 의지하듯 치솟은 것을
계곡은
한없이 떠안아주고 부축해주며 껴안을 듯
기다림의 마지막 쉼터로
아늑히 그곳에서
멈춤인 것을

신비롭도록 아름다운 절정絕頂
오랜 수려함에 이끌려진 수행자修行者의 뜻 따라
불자佛子의 몸은

심신을 외도할 수 없는 깊이까지 다가와선
몸담고 마음 담은
숭고한 신의 가르침을
소리가 아닌 침묵과 깨달음으로 번뇌煩惱의 승복承服 일깨워
인간에게 전하려

산과 하늘의 그 언저리
언제나 그렇게 운무 감돌며 떠날 줄 모르는
지상 위의 두 번째 수평선 같은
구름과 안개의 덧칠에 가려져
헤어나질 못하구나
산이여!
그렇게 수줍은 듯 가려진 산의 정상이여!

2012. 11. 24. 23:40-23:59

멋진 하루

편백나무 숲으로 2-3시간 걸어본다
숲은 나의 모든 보고寶庫다
숲은 어머니의 품과도 같은 곳이다
내 모든 걸 다 말 하려고 거기 가는 것이다
모두를 받아주고 품어주며 새로운 힘과 용기를 주는
마술 같은 곳이다
그렇게 오늘을 한번 지내보고 싶다

다음은
황토온돌방에서 속마음까지 다 아는 친구 몇 사람과
뜨끈한 아랫목에 나란히 누워 시린 등을 실컷
지져보는 것이다

조금은 여유 있는 날이면
맛과 향이 짙은 따끈한 차 한 잔
통나무 대강 반으로 잘라
괭이가 박힌 채 그대로 드러난 굵직하게 만든 나무 탁자
가운데 두고
무쇠 주전자에서 끓고 있는 물로 녹여 만든
차 한 잔 천천히 들이키면서 도란도란
그렇게 이야기해보는 것이다

무언가 허전하고 출출한 날에는
마음 맞는 몇몇이 이 거리 저 거리로 쏘다니면서 맛 집 찾아
아니면 옛날에 그 맛 집으로 몰려가서
아련한 그 맛 그 추억으로 한때를

괜히 마음이 심란해질 땐
환란과 비극 속에서도 삶을 달관하려고 노력한
옛 선인들의 보석 같은 문장들이 다 들어 박힌
고문진보古文眞寶에 천천히 마음 기울어 보는 일이다

그렇게 해본다면
그렇게만 해본다면
그 어느 것 하나에서도
얼마나 행복하고 멋진 하루이랴.

2012. 11. 12. 09:50-10:14

가을 안개

아침 햇살이 퍼져나고
누리엔 그 거칠었던 초록의 횡포가 사라져갈 즈음
곱고도 노-란
아직은 풋내기 빛의 노-란
누렇기도 전인 황색 빛으론 아직은 먼 듯한
그런 깨끗한 노란색의 언저리를 살며시 비켜나
산 능선으로 멈춘 듯 서있는 희뿌연 안개야
그 또렷한 능선을 살포시 가려놓곤
하늘과 평원과 산허리를 감싸
가린 듯 가려지지 않은 채 나부낌이여
오, 산뜻한 나부낌이여

산과 바다의 연모戀慕에 강물은 그렇게 출렁이었고
이제 곧, 황금빛 벌판의 덮쳐 옴을 어떻게
어떻게 감당해 내라고
가을을 한사코 맞이하려는
마냥 설레기만 한 먼 산과 높은 하늘
그 뒤를 사무치게 노리는
마지막 안개의 절정이여.

2012. 9. 1. 08:20-08;40

아 가을인가

아 가을인가
가을인가 봐
저기 저 들녘에 황금벌판이 다가오고 있는
가을인가 봐

흰 구름 높이 떠있고 오곡이 무르익는
아 가을인가 봐
그 여름, 무덥던 여름 멀어져가고
시원한 바람 불어오는
아 가을인가 봐

토담집 밖으로까지 누런 호박이 뒹구는
버티다 못해 길 밖으로까지 터져 떨어져나가
길손을 유혹하는 알밤 흐드러진
아 가을인가 봐

가을이면 온다던 내 임아, 그리운 내 임아
아 가을이 왔는데
가을이 왔는데
언제나 오려나
언제나 오려나.

2012. 9. 12. 21:25-09:49

가을 나들이

풀 한 포기
나무 한 그루
모두가 신비롭다
안개는 저변을 맴돌고
햇살은 그 위를 미끄러지듯 스쳐가
산 아래 아늑한 양지를 얽고서
누군가에게 양보하려는 빈 공간에 차분히 고요를
남겼네

여행의 마음 담고서
숲으로 가는 나그네야
거기
물줄기 따라 정겨움 곁들여가며
짙은 단풍의 거센 세례洗禮에 거절 한 번 못하고 승복한
비움과
여운의 나래에 파문波紋된
모습과 느낌
색상과 선율의 휘돎
지금,
떨어져 내리고 있는 단풍잎 하나에서 못내 안타까움을
그런 허망한 생의 무상함을
같이 하자던 나그네야

오늘은 혼연히
그리움 짙어진 거리를 지향 없이
그렇게 온종일을 거닐며
머물러본 곳마다 마음의 글 새겨보면서
눈물겹도록 그리워했던 그 사람의 모습
그 모습이
보이는 곳곳에서 마주하는 것 같아

뒤돌아보지 못하는 마음처럼
다시는 만나지 않으리라는 마음 가둬둔 채
그렇게 오랜 시간으로 안아야 하는
그냥, 그대로이기만을 원하는 나의 전부를
이 길
가을을 넘치도록 차려 받은
이 작은 오솔길에서
가만히
쏟아보려네
숱하게 하고픈 그 말들을.

2012. 10. 3. 09:10-09:36

여명黎明에서 일출까지

어둠을 파헤치고
빛은 몸부림치며
온몸에 진홍빛 열을 분출噴出하듯
저 멀리
수평선을 휘어잡고
바다와 하늘
대지와 하늘을 분리하라 명명明命하며
천지를 진동하듯
그렇게 세상에 내쏟고 있다
얼마나
칠흑 같은 밤이 몸서리쳤으면

드디어
빛은 달래듯
지상에서 최고의 영롱한 모습으로
바다를 타일러 수평으로 우선 멈추게 하고
산기슭을 간절히 애원해
그 빛을 드리워 어둠을 천천히 녹여가고
여태 감췄던 속살을
스스로 내밀어 보이는
오, 아름다운 곡선미여

산의 비탈과 능선
기암절벽
파도에서 수억 만 년 밀리고 밀려온
모두가 몽돌이 바위가 되어버린 모습으로일 줄이야
나를 기다렸던 네 모습도
너를 기다렸던 내 모습도

저 멀리 수평선에서
아직도 떠나지 못하는 구름아
여기
반짝이는 물빛으로 네 갈 길 길 내어주려무나
그런 게 이별의 모습이란다
밤의 허전함 같은 것이
이제, 말없이 돌아서야하는.

2012. 11. 19. 20:00-20:25
(전남 여수시 돌산읍 평사리 1271-3번지 '무슬목의 아름다운 일출' 을, '추억은 영원히' 카페백야의 사진 갤러리에서)

낙조落照

순간의 감각과
순간의 격돌
순간의 멈춤이
빛과 윤곽과
수많은 직선과 곡선에서 겹쳐 사방에 뻗힌
모든 함몰陷沒의 진통이다
낙조의 산하에서

차마
돌아설 수 없어 되돌아보는 듯
사방이 신음하는 검붉은 밤과 낮의 이별 싸움에서 건네는
숱한 포말 같은 할 말들
물빛과
희미해져가는 잔여殘餘의 모습이 이리도 쓸쓸해져가는
해변
그 파도의 속삭임에서

어둠으로 떠밀려온 뱃머리는
어느 아늑한 포구浦口로 파고 들고
이제, 밤을 안고 울어야하는 갈매기야
저 구름 뒤집고 절규하는
마지막 노을 깃을 더듬어가며

언제나 그랬듯 네 긴 날개깃으로
홀로 서럽지만
이별을 마중해주려무나.

2012. 11. 27. 20:40-20:57

('추억은 영원히' 카페 중 백야의 사진갤러리
'안산 탄도항 누에섬의 아름다운 낙조' 에서)

풀벌레 소리

어둠과 적막이 휘묻힌 밤,
지상 위 모든 소음이 사라져간 뒤에 되살아나는
가만히 들려오는 소리 있으니
어둠이 더 깊어져가고
완전히 인적人跡 끊긴 고요의 들녘 저쪽에서부터
이제
어둠을 밝혀야할 때이니
간신히 투명한 창문을 두고 이쪽과 저쪽의
그 간절한 가림 하나
불빛 뺏음과 빼앗김의 무한한 동경憧憬의 마음에서
대자연의 싱그러움이 넘치다 못해
소리로 가기오고 있구나
버티다 못해 터져진
숲 속 어디선가에서 들려오는
풀벌레의 애절한
그리고 분노일 것 같은 기다림의 소리가

바람 한 자락
어둠에서 뒹굴면 슬퍼했고
풀잎 하나 밤이슬에서 얼마나 떨며 외로워하는지를 아는 듯
바스락거림조차도 경계해보려는 듯이
어떤 공간도

어떤 기회도 받아들이지 못하는 초조함으로
그렇게
풀벌레들은 더욱 우렁찬 목소리로 합창해 사방을 포진布陣
해가며
수많은 악기들을 동원해선
거대한 오케스트라orchestra의
대지를 무대로 한
어둠과 적막을 배경으로 잘 빚어져가며
뭇 생명의 귀를 이끌고 있는 것 같구나

어느 듯 내 몸이
이 창문 밖으로 빨려나가는 듯한
감미로움과
거세게 몰아쳐 오는 술렁임의 하모니harmony에 매료 되
내 모든 의식과 영혼까지를
송두리째
빼앗겨버렸네.

2012. 8. 22. 14:35-14:52

빈 들녘의 묵상默想

스산한 바람이 스친다
마른 가지 새로 거쳐 온 찬바람이
산기슭으로 스쳐 와선
개천 언덕을 지나
기슭으로 몰려다니는 낙엽을 다독거려놓고 쓸쓸히
구비치는 강줄기를 벗 삼으려
거기 마른 풀잎 군락으로 숨어들어
잠시 멈춤을 위해
그 곁으로 다가선다
어디, 내 머물 곳 있느냐는 듯이

조각난 햇살과
온전하지 못한 보금자리
잃어버린 추억들의 자국을 더듬으며 그렇게
머뭄과 떠남을 가슴에 묻어보고
겉으로 도는 버림처럼
안겨지지 못한 허전함을 그냥 두어둔 채
저 들녘은
아무도 와주지 않는 빈 들녘의
과거에 대한 현재의 상태를
그냥 미래로만 이끌려는 안타까움에서
지금을 추궁追窮하고 있구나
그림 같은 배열에 나부끼어
무상無常한 느낌의 상태에서 까닭 없이 허탈하며.

2012. 12. 26 15:30-15:40

저 달빛

들리는 듯
보이는 듯
다가오는 듯 내 곁으로
빛은 반짝이듯 술렁이듯 요동치는 듯이
이미, 내 창문 밖까지 덮쳤네

이제는 완전히 포획된 채 있는
나를 응시하는 저 무시무시한 달빛
소름끼치도록 응시하고 있는 저 달빛을
어떻게 피하랴
숨 막힐 듯 사방에서 몰려와버린 저 휘황輝煌한 달빛이여

바람소리조차 도망가듯 하고
어떤 움직임도 포착하고 마는
저 달빛 내리쏟은
내 온몸을 전율시켜가며
이제는
이제는 하고픈 말 다 말하라고 내리치는 듯
손끝에서 발끝까지 전율되어가는
내 안타까움을
내 안타까움을
너무나도 잘 알고 있는 듯 먼저 와 내게 건네네

'너를 위한 나였다' 고
'내게 다 말하라' 고
그리운 그 사람의 이름을 '이제는 내게 다 알려달라' 고

그토록 오랜 시간을 아프게 한 그리운 이의 그 이름
빛으로 통째 싸들고서
그녀에게
그 수많은 사연을 겹치고 겹쳐진 채로 그녀에게
모두 건네주겠노라고
빛으로 소리 되어서
빛으로 글이 되어서
빛으로 모습이 되어서 이 간절한 사연 모두를
이 세상 그 어디에도 갈수 있는
나는 빛으로서 황급히 달려가리니
가서, 다 말하고, 보여주고
그리고
그동안 고였던 눈물 쏟으며 그 모두를 보여주겠노라고
오, 달빛
저 창밖, 접근조차 두려운
광활하고 휘영청 밝은
달빛, 내 친구여.

2012. 2. 9. 00:50-01:09

운해雲海

함평군 해보면 금덕리 산 89
백야白夜의 전경
운해雲海가 스쳐진

순간순간 감아 도는 운무雲霧
그 운무에 휩싸인 듯 멈추고 만 한 폭 수묵화水墨畵
보일 듯 보이질 않는 안타까움
그 아래 깊숙이 파묻히고 만
도저히 깨어나지 못하는
겹치고 겹쳐버린
깊숙이 파묻히고 만
그 운해에 완전히 포획되고 만 아늑한 마을이여

짓눌려 겨우 숨을 쉴 것만 같은 산봉우리며
거대한 운무의 흐름이 감아 도는
저 동력의 저기 저쪽
아직은 어둠이
별빛을 감시하듯
새벽별들의 사라짐을 예감해보며
동녘은
그렇게 터질 듯 햇살을 포만飽滿해
치솟는 힘찬 여명黎明의 껍질을 갈라놓고
황홀한 빛으로

소롯이
태양의 모습을 운해 위로 떠밀어내고 말았네
아직
빛이 갓 서린
작고 둥근 모습이
핏빛 같은 진홍을 쏟아내는 모습으로.

2012. 10. 1. 11:00-11:19

정동진의 일출 영상

정동진, 정동진 역
언제든 가리라며 가슴에 안고 있는 그 곳
상상만으로 만이었던 그 곳
오늘 새해 소망을 품어 안고 온 광열한 일출로 정동진을
빛과 그 빛으로 내리쏟은 은빛 파도며 설레고 있는
해변을 보았습니다
선뜻 내밀기 부끄러워 나직한 구름에 휩싸인 채
천천히, 아주 천천히 내밀고 있는
저 먼 해안 선, 검은 구름 위로 붉은 태양은 튀는 파도를
덮치고 있군요
튀는 물방울 하나 다 보일 듯한 조명
물안개인 듯 되받아치는 빛의 반사인 듯 파도 등을 떠나지
못하는
흰 물거품 같은 그 이름을
예쁘게 지어보고 싶군요
경쾌한 선율
반짝이는 영상
아름다운 일출
눈부신 전경이여.

2013. 1. 6. 10:00-10:20
('추억은 영원히' 카페, 백야의 영상 '정동진' 사진갤러리에서)

군무群舞

쉬 식지 않는 예술의 감흥感興이 남겨진
인간의 손끝으론
도저히 감당해내지 못하는 진경산수화眞景山水畵에서
어떤 지휘자도 연출해 낼 수 없는
마침내 거대한 움직임이 빚어낸
저 창공의 은하수 같은 광활한 펼침이여

수십만 마리의 청둥오리가
일순간 하늘을 뒤덮고 만다
낙조落照의 부끄러움 때문에

날개깃에서 쏠려나는 바람소리 같은
뒤엎는 움직임의 기류 같은
내 온몸으로 압박해와 숨이 막힐 것 같은 포획의 순간이었고
어떤 움직임도 허물지 못하는 두려움에서
내 시선만을
온통 빼앗고 말았네

수평선과 지평선이 맞닿은
그 위로 녹아나는 붉은 낙조의 몸짓
이쪽에서 저쪽 끝까지 아주 멀리, 아주 넓게
하늘을 거의 덮어버린 것만 같은 거대한 군무

찬연燦然한 낙조의 빛에 정신없이 내몰린 채
회오리치듯
그러나 일사불란一絲不亂한 스침이여
수직 비상飛翔으로, 수직으로 강하降下로 치솟고 내리꽂는
웅장雄壯한
군무여

하늘과 뭍
뭍과 바다
힘찬 군무의 곡예曲藝에 놀라 휘둥그러져
불타듯 한
저 마지막 석양의 깨어져나가는 아픔을
떨지 않고 어떻게 부둥켜안으랴
어떻게 그 틈으로 깊숙이 파고들어
내 심장의 찢어질 것 같은 이 진통을 마구 쏟아 내어보랴.

2012. 11. 22. 15:45-16:05

알레스카의 내 별장

설산
빙하
광활한 대지의 펼침
산악인의 영원한 동경憧憬이다
모든 지상의 인간 구조물이 사라진
순백의 화폭畵幅이여
숨 막힐 것 같은 정적靜寂의 침묵이여

구름 걷힌
땅위의 표면 눈부셔
땅을 뚫어 내릴 것 같은 폭포수의 쏟아 내림이며
모습마다 되 반사 되는 빙하의 간섭이며
놓인 그대로
생겨난 그대로인 대자연의
거대한 움직임이다
변화로 생겨남과 사라짐의 긴장 속에서
신비롭도록 아름다운 배경을 움켜쥔
알레스카
알레스카의 내 작은 움막 그곳
아름다운 내 별장이여.

2012. 9. 1. 10:25-10:35
(KBS TV 걸어서 세계 속으로, 알레스카)

제 5 부

아름다운 사회

민주주의적

혹한, 영하 50도
펭귄은 살아남았다
총체적 민주주의의 결집이었다

블리자드Blizzard라는 세찬 눈보라는 남극의
하늘과 땅을 빙하로 뒤엎는 야수다
펭귄의 몸체는
물도 스며들지 못하는 촘촘한 깃털
깃털 안의 솜털
그 안에 있는 방한 공기층
마지막 두꺼운 지방만의 3층으로 되어있으며
부리는 동맥과 정맥의 열 교환 장치로 되어있어 거의 완벽한
체온 유지의 보온 상태로서 살아가고 있지만

시속 180km의 세찬 눈보라 '블리자드' 가 닥치면
수백 수천 마리가
서로 몸을 최대한 밀착시켜 거대한 덩어리가 된다는 것이다
마지막으로 기댈 곳은 결국 동료의 체온이었기에
뭉치면 모두 살 수 있다는 것을 알았던 것이다
그리곤
바깥쪽에 있는 펭귄이
순차적으로

군집群集 안쪽으로 자리를 옮겨가며 그 한 치의 틈도 없는
밀착된 곳을
주기적인 움직임으로 물결처럼 요동치며
이런 단단한 밀집 대형이
짧은 순간 흐트러지면서
바깥쪽 펭귄이 안쪽으로 조금씩 들어가는 것이다
마치 밀가루 반죽이 늘어나며 엉켜지는 것과 같은 모습으로
각기 살기 위해 군집을 이뤘을 뿐이지만
바깥쪽 펭귄이
만약 그대로 있어야 한다면
결국 그 군집은 붕괴될 것이다
내가 밖으로 밀려 있을 때도 다시 안쪽으로 자리를 옮길 수
있다는
이것도 정하지 않는 것이지만
오로지 군집이라는 자유롭고 질서 있는 거대한 움직임의
착한 생각 때문에
전체를 위한 나의
나를 위한 전체의 모습
아름다운 대자연의 모습인
실로 민주주의적
근원적인 민주주의적 모습일 것이다.

2012. 12. 6. 10:00-10:25

아름다운 것들

무관심한 것에서 진실을
물러난 것에서 정의를
눈부신 승리의 뒤, 그 패배인 자로부터
보석 같은 반짝임을

고귀한 것은
가장 천박한 버려짐으로부터 우러러
다가감이었고
배려였으며
희생의 그 전부였다는 것을

존재의 유지는
버팀이 아닌 비례였고 균형인 밸런스 쉬-터Balance-Sheet
와도 같은
나열로
서로 아우르기 위해서인
사랑하지 않을 수 없는
조건 없이 채워주는 그런
순결과
더 꾸밈없는 있는 그대로의 지금인
그런 모습인 것을

더함을 위해 부족함으로
이익을 위해 손실에서
가짐을 위해 버려짐으로
승리를, 승리를 떠받혀주기 위해
처절한 패배의
실로, 아름다운 패자여야 하는 숭고한 사랑의
아름답고도 더욱 예쁜 네 모습의
승자를 더욱 돋보이게 하려는
숨겨진
거룩한 아름다움이었던 것을.

2012. 8. 8. 11:00-11:25

정감情感 있는 곳

사막은
오아시스Oasis의 정감어린
상징적象徵的 아름다움 같은 멈춤일 것이다
멈춤에서 피어나는
이야기들
소식들
세상일들이 그림같이 펼쳐지며
하룻밤 사이에서 그리도 많든
그래서
서로는 공감되고 정감되며
그러다간 더욱 가까워지려 하는 건지

오아시스는
아니, 오아시스 같은 우물은
타들어가는 고사枯死 직전 생명의 수액樹液일 수도 있고
어쩜 지구의 젖꼭지 같은 거대하리만큼의
거기엔
사랑이 조건 없이 무한정 매수買受되기도
배려와 속삭임의 아늑한 쉼터로 아우르기도 한
지구 울타리 안에서 제일 아름다운
지상 천국인 곳임을.

2012. 5. 18. 09:10-09:19

배려하는 사회

동독과 서독의 장벽 붕궤, 그 28년
서독은
동독의 안타까움에서 밤잠 설쳤다 그리곤
탈脫 동독인을 끌어안았다
모든 할 수 있는 한 준비를 다해서
동족의 혈육을 거부할 수 없는 진실 된 마음에서였다

낮선 땅, 낮선 사회, 낮선 제도에서
방황하지 않게 하기 위해
그도 내 식구임을
그렇게 착한 마음으로였던 것이다
물론 동서간의 경제 불균형
주민 간 위화감違和感
자신감과 또 실업의 공포
통일비용 조달의 세금인상, 민생복지, 치안 등 안전기반의
흔들림으로
미래에 대한 불안
이 과정에서 서로를 비하하는 속된 호칭(~놈) 등이
없을 수 없는
난관도 있었거늘

정부와 국민이 혼연일체로 한
뼈를 깎는 경제력 축적이며

낯선 곳이 정비되고 순조로운 운영이 되기 위해
직, 간접의 통일 준비로서
주요 복지단체가 연방聯邦차원의 조직을
스스럼없이 잉태해 나갔고
이에 정부정책의 결정적인 결정에서도, 집행과정에서도
적극적인 접근에서
인도주의적인 당연함으로 여겨
성공적 사회 진입
안식의 보존이기까진
배려에서 배려로 끝없이 이어져간
소설 같은 현실의 역사적인, 길이 남음일 것 같은
아름다움의 모습 바로 그것이었음을

배려
배려는 사랑이고 이해며 자기희생의
아름다운 인간미 바로 그것인
배려의 거리는 너무 멀지만
제일 가깝고 제일 쉬울 수도 있는
마음 한 줌 더 주고 덜 주기도 하는
저울질할 만큼의 차이도 없는
그냥 그 상태에서 어떻게 생각하느냐의 것일 뿐
그것으로 인해
세상이 달라질 수도 있는 단지 그것이었던 것을

자유 대한민국
대한민국이 이처럼이라면
세계인의 평화를 거머쥘 만한 한 톨의 신선하고도 획기적
역사를
전 세계를 우롱해볼 만한 가치의
남북 운명적 사실을 획출劃出 해낼
아름답고 평화로운 사회가 선취先取될 것이다
내 마음의 '배려', 그 하나로
지금, 바로 이웃에 와 있는 탈북민의 모습이
어떻게 하는지를….

2012. 6. 29. 11:20-11:40

패자의 도道

승자의 덕목德目이다
승자를 위한 도리이다
승자를 위한 최고의 가치이고 결과며 보람의
누림이다
오랜 기다림의 영광이다

무참히 함몰陷沒되었기에 보호된 그 하나
승자를 위한
아름다운 모습이다
이해하려
배려하려
양보하려 했던 마음의 텃밭은
언제나 싱싱한 새로움으로 돋아났고
실리實利로 분별되고
이념理念과 관념觀念의 폭을
사랑의 매듭에서 스며가는
넉넉한 물러남인 것이다
더 많은 남겨짐을 위하여

한없이 아프고
서럽고
아쉬움이 못내 자신을 쉽게 다스리지 못하는
한 치의 부족함 때문에

아니, 한순간의 오차
한순간의 생각차이로 빚어진
그렇게 말했더라면 승리로 이끌었을 텐데 하는 아쉬움이여
패자였기에 승자가 된
패자로 남겨졌기에 승자로 되어지게 할 수 있는 도道

이만큼 값진 삶이 있을까
이만큼 행복한 보람이 있을까
이만큼 고귀한 선물이 또 이 세상 어디에
있을까
오로지 그댈 위한 나의
승복承服의 진실인.

2012. 12. 14. 20:05-20:24
(제18대 대통령 선거 유세遊說,
상대 투표 상황의 예상 결과를 생각해 보면서)

길은 험난했다

그의 자서전自敍傳은
그렇게 말하고 있다
'호암자전湖巖自傳' 이라 일관一貫해서
삼성의 '이병철' 은 말한다
"나는 남보다 특출했다고 생각하지 않는다.
내 기량에 알맞은 분야에서 사회에 공헌하는
그 신념에서 새로운 사실을 끊임없이 연구하고 개발하며
맞는 분야에서 기업을 창설하고 운영 해왔을 뿐이다."라고
그러면서 그는
"기업에는 결코 지름길이 없다.
지름길이 없는 그 길은 당연히 험난하다.
험난함으로 지친 나머지 좌절감을 극복하려 찾은 건
'봉사' 라는 환불을 향해
마치 하루살이 날벌레처럼 덤벼들었다
그 기쁨, 그 상상치도 못했던 의지,
그건 지금의 나를 탈피할 수 있다는
그런 돌출구가 있다는 것을 발견했던 것이다."라고
'호암자전'
이 얼마나 어두운 사방을 밝혀주는
용기 있는 자의 도전이 아닌가

작은 가게에서 배달원으로 일했던 '정주영'
그는, 주인으로부터 자본금 한 푼 없이 4년 만에

그 상회를 그대로 물려받는
그가 종업원으로 일하는 동안 보여준 '신뢰'
바로 그런 것 때문이었던 것이다
그는 이후 승승장구乘勝長驅하여
한 인간의 묘미妙味에서
동고동락이라고 여겨온 자기 직원의 애환을
현장에서 온 몸으로, 피부로 같이 끌어안았던 것이다
철의 'CEO'
그는 "모든 일은
가능하다고 생각하는 사람만 해낼 수 있다."는
신화의 불굴로 이룩한 오늘날의 조선업에서
때론 십자가의 상징 같은
때론 이정표의 버팀목 같은
그렇게 그의 인생을 불태웠던 것이다

나의 사고思考는
나의 인생인 것이다
내 인생은
나를 위한 그런 모든 것이며
또 그렇게 강력히 직관直觀되고 연이어 가는
생성사멸生成死滅인 것이다
세계가 있듯이 내가 있고

내가 있듯이 세계가 있는
이를 아무도 부정할 수는 없는, 운명적 삶의
차분한 요람搖籃에서 무덤까지인 것이다
설령, 지구의 자전과 공전이 우주의 궤도를 역행하는
생로병사의 함이 될지라도
적어도
험난한 것만큼은
아름다우리라.

2012. 4. 28. 14:35-15:00

당신의 권리는

공기와 맑은 물이며
적은 노동시간과 더 많은 여가시간은
바로 당신이 원하는, 당신의 권리인, 당신의 것인 것을

사회주의 몰락 그 10년 뒤 환생한
마르크스,
그는 객석을 향해
"자기와 의견이 다른 사람을 총살하는 것,
그것이 어찌 내가 평생을 바친 공산주의 일 수 있습니까?"
"여러분은 가난한데 고용주는 갈수록 더 부자가
되지 않습니까?"
무대에 선 마르크스는 이렇게 열변하며
수많은 군중들께
공산주의를 비판하기도
자본주의를 공격하기도 한
진짜 민주주의를 외쳤던 것이다
그날이 올때 까지는 결코 이 마르크스는
죽지 않을 것이라는
메시지Message

90년대 사회주의가 몰락하면서
2008년 글로벌 금융위기가 터지던 날 까지
마르크스는 당황했던 것이다

유럽 경제가 악화되고
자본주의의 탐욕에서 회의懷疑가 된 청년들이
'우리 모두 중산층' 이라고 주장할 수 없는
이미 계급투쟁에서 매료되고 만 것이다
그러나
자본주의 사회에서 꿈을 잃은 젊은이일수록
'마르크스' 가 꿈꾼 사회를 동경하는
그렇지만
현실에서의 천국을 만들려던 사회주의 100년의 역사는
결국
이 지구상에선 기온이 닿지 못하는 인간세계를
받아들이지 못하는 경지境地인 것일까
당신의 처세를 혼미昏迷하게 한
결국 그도
예언에서의 예언이었을 뿐.

2012. 7. 19. 09:00-09:21

나는 영원히 살 것이다

나는
150송이의 꽃으로 휘장揮帳한 봄이외다
꽃에서 꽃으로 영원히 이어져갈,
나머지가 있다면
재로 만들어 들꽃들이 무성히 자라도록
바람에 뿌려주십시오, 나의 영혼 같은 나머지의 것들을…

“해 질 때 노을을 한 번도 본적이 없는 이들에게 나의 눈을
주십시오.
자동차 사고로 죽음을 기다리는 청년에게 나의 피를 주어
그가 먼 훗날 손자들의 재롱을 볼 수 있게 해주시고
나의 뇌세포로 듣지 못하는 소녀가
창문에 부딪히는 빗방울 소리를 듣게 해주십시오
나머지 것들은….”
미국 로버트 N 테스트씨의 시詩 한 구절이 다 말해주듯

블랙박스 같은 생명의 몸이기에
생명을 공유한 모든 생명을 위한
너무나도 소중한 내 몸인 것을

사후死後
신체 장기와 조직에서 첨단 의술로
150여 종이나 환자의 삶을 이어갈 수 있다는

그냥 흙으로 사라져가기엔 너무나 소중한 몸인 것을
피부는 화상환자에게
뼈는 잘 낫지 않는 복합골절 환자에게
심장판막은 심장병 환자에게
혈관은 수술부위 혈관을 이어주는 브리지bridge로인 것을

아쉽게도
우리나라는 그 수요의 90%를 외국에서 수입해오는 것에
의존한다고 하니

현대 의학이 아무리 발달해도
생명으로부터 부여된 세포의 그 모든 것이 아니고는
아직은 너무나도 먼 거리의 의술 한계라고 하니

이처럼 우리의 몸은 위대하고도 그 이상의
아니, 그보다 더한 소중함이며
공동의 자산이고
나의 것만은 결코 아닌 것으로서
더욱이 장기 매매는 엄중히 금지 되어야 할 것이고
다분히 무상 기증으로만
지금, 이 순간에도 죽어가고 있는
꼭 필요한 사람에게 주어져야하는 것으로서
윤리적이고도

신神의 경지에까지 이르러 여겨볼 수 있는
생명의 유일하고도 알뜰한
제자리 메김일 것이다
생명의 이어감으로
나의 생명이 이렇게 이어져감으로
나는 그렇게 영원히 사는 것이다
그로 인한
소중한 생명은 다리 되어
영원히 삭아지지 않을 삶으로
사는 것이다.

2012. 4. 10. 11:15-11:4

제 6 부

겸 허

당신의 이름이 부럽습니다

소중한 당신의 이름
당신의 이름은
아마, 당신을 제일 소중하고 고귀하게
여겨 생각해 낸
생각하고 생각해낸, 세상에서 제일 아름다운 이름이라고
그도 오랫동안
아주 많은
한참을 망설이다 새겨낸
보석 같은
영원히 세상에서 반짝일 것이리라는
고르고 고른 마음으로 지어본
이름인 걸요

내 이름 대신
그 어떤 이름도 나는
덧붙일 수 없는
허락하지 못하는
오직, 유일한 내 이름을
혈육의 표시로 한 성姓을 따라
소중히 만들어진 것으로 여기는
어떤 변화의 유혹에도 바꿀 수 없는
내가 이 세상에서 단 하나의 존재인 것처럼
그런 내 이름도

그런 내 이름도
하나 그 이상은 아니겠지요
개명도, 아호雅號도

나는
내 이름으로부터 이 천지 세상에 명명明命된 것이며
내 부모로부터 선물 받은
유일하고도 고귀한 것에 한없이 감사하며
누구도 앗아갈 수 없는
수많은 사람들로부터 동경의 대상이고
존귀함을
부러워함을
너무나 선명하고, 영롱하고, 화려하기까지 한
변함없이 내가 지켜지는
바로 당신으로부터 스포트라이트Spotlight의 대상인
아름다운
아름다운 이름
당신께 이끌리는 더없는 부러움입니다.

2012. 4. 1. 12:30-12:46

하늘처럼

울타리가 없는
울타리가 필요치 않는
경계도 범위도 아무 소용없는
보이는 것이 전부 내 것이고
느껴지는 것이 전부 나의 마음인 걸
아무도
서둘러 가려는 그런 앞섬도 뒤섬도 없는
자연스러운 떠밀침 같은
저 구름송이 같은 것임을

그렇게
나도 그곳이고 싶다
구름 같은 바람 같은 모습으로 떠돌다
어느 듯
자취도 없이 사라질 수 있는
간섭 없는 공간에서 나이고 싶다

거기에서
나는, 홀로이고 싶고
내 모습은 있는 듯 없는 듯 그렇게 머물러보고 싶어
때론 흰 구름 덮인 하늘에서
때론 천둥 먹구름 진동하는 하늘에서

숫한 날
그렇게도 애태웠던가 그 한 사람의 영혼 같은 옷깃에서
있으리라고는 상상도 못했던
저렇게 비워진 여운의 손짓으로 지금껏 날 이끌어온
파-란
하늘처럼.

2012. 6. 7. 10:30-10:50

도공陶工의 소망

비어있어도 좋습니다
언제든 담을 수 있는 여유만 가득하면 그만입니다
내 얼과 정성
내 손길과 지혜의 샘에서 빚어진
당신께 드리려는
작지만
혼신을 쏟은
아직은 비워져 있지만
당신이 희망하는 그릇으로 되기 위해
이제서야 모습을 드러낸
그 모습같이 작은 내 마음입니다

언제든 뜻하시면
밖과 같이 안도 소롯이 비워진
당신의 마음과 내 마음이 멀지 않은
맑은 아침과
고운 저녁노을을 볼 수 있는 그런 마음으로 였으면 합니다

소망하오니
그릇은
가난한 식탁에 올려 질 밥그릇으로
아님, 목마른 길손의 물그릇으로

당신과 나의 곁을 외면하지 않은
행여
실수로 모양이 상처 나거들랑
그 허전하고 아픈 자리를 위해서라도 황급히
두 마음이 합쳐지는 어느 정점에서
하나임을
그때서야 일깨워질 수 있는
마지막 남겨짐을 위한 그런 그릇이기를
소망합니다.

2012. 10. 19. 19:20-19:40

물의 모습

겸손謙遜 & 겸허謙虛
오묘奧妙한 지혜와 청렴
유연함과 강인함의 겸비로 언제나
가장 나직한 곳으로 임하는
그러나 바위를 뚫고 산을 무너뜨리는 힘이
바로 네 모습인 걸

언제나 멈추지 않는
그리고 갈 길이 막히면 반드시 틈새를 찾아내는
아니면 돌아서라도 전진하고야 마는
스스로 움직여 그 힘으로 다른 것을 이끌려는
모든 생명의 원천인 것이며
장애물에서는 굴하지 않고 반드시 그를 능가할 수 있는
힘을 언제나 낼 수 있고
맑고 더러움을 가리지 않고 모두를 수용하면서도
그 모두를 깨끗하게 하려는
비가 되고 얼음이 될지라도 본성은 언제나 유연한
바로 그 자체이거늘

물은
온 세상 사랑을 다 끌어 모은 샘과도 같은
모습이며

모두를 수용하고
모두를 관용하며
어떤 것과도 대적하지 않으려는
무한한 공간과 시간을 서운치 않게 하려는
순응의 몸짓 같은
몫을 탐하지 않는
누구에게도 선물하려고만 하는 그런
소리 없이
맺어진
가냘픈 풀잎에서 영근 그 한 방울의 이슬과도 같은
청순淸純한
수줍음이여.

2012. 7. 19. 15:30-15:49

보석의 꿈

인고의 그 뒤 어느 듯 다가와 버린
영롱한 네, 참 모습이여
잔혹한 함축에서 견뎌낸
스스로의 버팀, 그렇게 자아낸
서툴지만 오묘奧妙했고 미미微微하지만 또렷해 보이는
아닌 것 같으면서도 드러내 보이는 미묘美妙한 모습이여

짓눌리고 짓눌린
가열되고 가열된 그 후, 남겨진
그 이상의 어떤 변화도 더 가져볼 수 없는 절정!
절정의 결정체로 안겨진 섬광閃光!

누리에 반짝임이 피어나
작은 모습에서 쏟아내는
쏟아내면 쏟아낼수록 더욱더 터져나는
아니, 폭발해내고 있는
어느 촉감으로도
어느 시각視覺으로도 대응할 수 없는 급격하면서도 강렬한
순간을 포획捕獲하고 만 아름답고 아름다운
영원한 아름다움의 모습이여.

2012. 4. 28. 11:00-11:25

방생放生의 의미

자비와 생명 존중
조화와 공생
평화 공존
'살생하지 말라' 는 불교 계율戒律의 첫 번째 계시는
중생의 번뇌를 참회懺悔하려 하는
인간 세상에 가의加意 명명明命된
생명 존중의 참사랑일 것이다
방생을 하기 위한 방생이라면
방생의 진의는 아닐 것이다
대자연의 고결한 순리에서
거스를 수 없는 그 섭리攝理의 순응이
어디 생명뿐이랴 마는
생명의 스스로 아우름은
실로 아름다움 바로 그 자체일 것이고
신으로부터의 공감과 그 경지에 이르기까지며
작은 관심에서부터
어떤 피안彼岸의 세계에 이르기까지에 있는
사소함에서부터 묻어나려는 위대함일 것이다

생태계의 조화에서부터 범주範疇에 이르기까지에서도
방생의 자비인 것을
그런 것에 대한
만물의 영장이라고 자칭하는 인간이 베푸는 자비는

많고 많은 미물微物 중, 넓고 넓은 공간 중
그 어디에서 만나랴

공덕의 한량없는 복덕,
생명에 대한 순수한 사랑 그리고 그 연민憐憫
오롯한 방생의
생명이고 사랑이고 덕목德目이며 소중한
인류애의 대자연에 관한 섭렵涉獵일 수도
내 이웃의 배려일 수도 있는
그런, 숨은 듯이 모습 드러내지 않으려는 작은 사랑의
원천임을.

2012. 2. 2. 09:20-09:55

순리順理

참으로 어려운 말이다
거기엔
멈춤도, 순서도, 차이도, 거리도
무게도 부피마저도 나설 수 없는
아무것도 소용없고
모든 것이 허사며
모든 것이
존재할 수 없는 무無의 경지

그런
바탕과
모습과
진행의 과정에서 바뀌져가는
모든 세상의 모습일 것이다

사람들이 말하는
기쁨의 순간도
슬픔의 순간도 아니 보이려는 무표정
들어옴과 나감의 많고 적음도
신의 세계를 연모戀慕하기까지 하려는
나약한 인간의 최후 절규에서도 그랬듯

이쪽과 저쪽
여기와 거기와의 너무 다른 것을 원하는

그러나 수많은 모습으로 나뒹굴고 있는
그런 제자리걸음에서 엿보이는
지상 최대의 중엄한 표정과 속도
변화의 역동力動 같은 사실에서

적고도 연약한
평면과 입체 같은 모습에서 이끌어내려는,
그 어떤 충동에서도 원치 않는 그대로의 모습인,
그저
떨어져 나간 풀잎 하나며
서툰 화가가 그려 세워놓은 듯한 나무 한 그루 같은
존재의 아름다움에서 번뇌煩惱하는 흙과 바위
그리고 하늘과 땅의 차림
대지大地에서 내 번지수를 차지해보려는 오만傲慢
바로 그 하나인 '나'
'나' 로서인 채

그렇게 세상을 조롱하듯
한때, 멋진 기교技巧의 밀고 밀리는 주변에서
슬프도록 애잔한 향기로 사라져갔던 순수하고 저항 없는
조화
흐름
섭리攝理의 기류氣流 같은 것들임을.

2012. 11. 30. 09:30-09:50

말言語의 모습

말은
글보다 빠르고
글보다 화려하며
글보다 사랑스럽고 아름답다
말은
모든 사람들을 사로잡을 수 있는 힘을
어떤 것보다 강한 마력을
어디에서도 제일 중심이 도는 권력을
아무도 이겨낼 수 없는 두 번의 허용이 안 되는
한번 쏟아놓으면 영원히 돌이킬 수 없는 바로 자신의
운명적 갈림길을 만들어버리고 마는
모든 인격의 품평品評 같은 모습으로 군림하는
어떤 구도構圖에서도 탓하지 않는 도량度量으로 비취는
표현인 것이다

하기 쉬운 말,
말은 소리와 어떻게 다를까
소리는 선율旋律이고 미학美學이며 하모니Harmony로 달궈진
음표의 자리일 것이다 오선지五線紙에 포옹된 채
그러나, 말은 그 어느 것 하나에서도
골격을 갖춘 흔적이 되고
짜임이고 각도角度이며

명실 공히 또렷이 형태를 갖춘
모든 근원의 시작이 될 수 있는
너와 나의 의미를 품어내는
경계이고 측도며 분위기의 분출噴出 같은 극치極致일 것이다

정치의 꽃은 말이라고 하지 않았던가
말로 심판을 언도한 결과는 세치의 혀로 움직였을 뿐이지만
생명의 처음과 끝을 요절시키는
상상할 수 없을 만큼의 거대한 그 무엇인 것을

말에는
달변, 다변, 웅변, 궤변詭辯, 능변, 눌변訥辯, 독설, 충언
교언, 폭언, 망언妄言, 식언食言이 날뛰고
유식한 말로는
권무卷霧, 현하懸河 같은 폼을 잡으려는 말 부스러기도
있다고 하니

고운 말, 아름다운 말
듣기 좋은 나직한 속삭임의 말이 한없이 그립구나
그런 말로만 세상으로 반사 되어졌으면
언제나 사랑스런
그대의 목소리 같은.

2012. 9. 21. 08:50-09:12

암癌의 모습

생물에게 가장 혹독한 환경조건은
저 산소 상태라고 하며
최후까지 그걸 극복하고 살아남는 능력이 있는 것이
'Hip-1' 유전자라고 한다오
현대 의학의 동물 실험에서
퇴화 단계로인 유전자 무효화에서 드러난,

인간에게 무기가 있다고 한다면
아직도 저항 못 하는 지식의 안타까움이 난무해
최후
"살아야겠다."는 의지 하나뿐이라고 하니

인간의 몸에는
60조 개의 세포가 있다고 하며
세포의 생명은 길어야 몇 개월
짧게는 며칠을 못 넘기며
각기 제 소임을 마치고
사람들이 그렇게 쉽게 말하는
'자살' 의 허망한 모습이라고 하니,
그리고선
그 자리를 메울 새로운 세포가 끊임없이 생성해
죽어 없어지는 세포와 새로 태어나는 세포가
균형을 이루도록

인체는 평생 동안
1경京 번의 어마어마한 세포분열이 이루어진다고,

거대한 유동의 진행에선
모든 존재에서 함유되지 않을 수 없는 확률,
그 확률은 오차, 오류의 근원인 것이며
이는 순행의 역류逆流 같은, 돌출 같은 벗어남의 상태로서
온전한 진행에 변이로 이르려는
바로 확률 그 여백의 메움일 것이다

상상할 수도 없는
미미한 오차의 확률이 증언하는 모습은
이성을 잃고 오류가 누적되어 가
모든 다른 세포가 순리대로 생성 사멸하는 것과는 무관하게
첫째, 죽지 않고 끝없이 분열만 하는 무한증식으로
둘째, 주변 정상 세포에 침윤浸潤하며
셋째, 인체 다른 곳으로 끊임없이 전이轉移 되어가서
새로운 식민지를 만들어간다는 것을

의학계에서 발견 가능한 암의 크기 모습은
무게 1g, 직경 1cm가 그 한계라고 하며 이 상태에서도
이미 암 세포 숫자로서는 10억개 이상의 수치로
포진되어버린 상태이고

단 하나의 암세포가 그만큼 늘어날 때까진
인간은 10년 내지 20년을 까마득히 모르고 산다고 하니
이 음험陰險하고 끈덕진 질병은
숙명일 수밖에 없는
모든 세포분열 그 자체가
암의 발생 가능성을 껴안고 있다는 것을

암을 일으키는 유전자(HIP-1)는
생명체의 초기발생 과정과 기초적인 세포 활동에서
반듯이 살아있어야만 이루어 진다고하니
생명이 가능하게 해준 바로 그 유전자가
죽음까지 껴안고 있을 줄이야,
암 유전자를 박멸해 암 유전자로부터 자유로운 생물을
만든다는 것은
애초부터 불가능한,
박멸하면 생명 그 자체가 죽어 없어진다는 사실을…
항암제의 연명효과는 평균 2개월 정도라고 하며
암에 속절없이 무너진다 해도 미리부터 인간은
죽는 동물에 지나지 않는
이 기막힌 승산일 수밖에 없었던 것을

나약한 육신, 최후의 그 처절한 투병과의 사투死鬪일지라도
인생이라는 내 무대의 장場에선

그 누구도 대신할 수 없는
오직 내가 주인공이라는 자부심으로 결코 기 죽지말자!
기왕이면 신나는 극劇의 주인공, 맡은 바 나도 내 몫의
소임이 있지 않는가!
아직은 인류 의학의 영역한계일 수밖에 없는
파릇한 암이 유영遊泳한다 할지라도.

2012. 2. 4. 09:20-09:50
(경京: 억億의 억 배이며 조兆의 만 배이고Ten quadrillion인 것을)

부모님의 봉封 앞에서

허물어진
부모님 산소를 보곤
하늘과 땅 그 어디에서도 받아내지 못할
설움의 무게가
내 어깨를 눌렀다

내 손 발
그 어디 한 곳
내 부모님의 혈육이 아니었던가
저렇게
혼연히 떠나실 땐
생전 미리 주셨던
그 혼과 육신의 일부였음을 그땐
왜, 마음 담아보지 못했을까
떠난 후에야만
가슴 치는 아픔을
알지 못한 그때가 너무 후회스럽구나

'아버지' 라고 불러보던
'어머니' 라고 불러보던 그 모습은
지금, 그 어디에서도 찾아볼 수가 없는
영원한 그리움으로만 언제나 나를 맴돌며
저 허물어진 모습 앞에서 선 듯

다가서지 못하는 죄인으로
무릎 꿇는
못난 모습이
바로 당신 생전의 아들이었나 봅니다

오늘은
못난 이 불효자식이
야박하리만큼이라도 죄송하기 이를 바 없는 땀 흘려보며
내년 겨울엔
행여 조금이라도 더 편히 지내시려나 싶어
자주 오지 못해 허물어진 봉封을 돋우며
생전에 못다 한 섬김을
사죄해 봅니다.

2012. 5. 8. 07:50-08:00

기차여행 같은 인생

운명처럼 이어진 레일
기차는 그 레일에서 처음과 끝이 된 것이었을 줄이야
하지만
그 안에서 모든 것이 있었다는 것을
그리고 그 어느 것 하나에서도 꼭 있어야 했던
만나고 헤어지는 모든 순간들이
스쳐 지나가는 파노라마처럼 인 레일의 이어짐이여
그래서
기다림도 있었고 이별도 있었지
달리면서 보이지 않던 길이 나타났고 새로움에 설레기도
놓쳐버림에 한없이 슬퍼하기도
이 모든 그림 같은 삶이
모두가 여행 중이군요
지금 달리고 있는 기차 안에서.

2012. 12. 17. 19:25-19:48

머물게 하옵소서

모습도 미천하고
능력도 부족하옵니다
말과 행동이 서툴러 언제나 벗어나는
그래서
나를 위해주신 모든 분들께
내 짐까지도 무게를 염치없이 의지하려는
이렇도록 못난 사람입니다

노력을 해보지만
지나고 나서보면 부끄러울 정도로 부족해
언제나
다른 사람들에 의해 그들의 덕분에 제 삶을
연명해가는 것 같은 느낌으로
오늘도 하루를 살았습니다

내 스스로를 갖춰볼 수 있는 능력만 있어도
이웃을 위한 것인 줄
언제나 뒤늦게서야 생각해보곤 합니다
나의 욕심이 남의 몫을 탐하지 않는 그런 마음으로
나의 소망이
남의 소망을 범犯하지 않는 그런
조금 더 이성적理性的으로
조금 더 선량善良한 방법으로

한 인간으로 이제는 머물게 하옵소서

부디
내가 머물고 있는 지금 나의 모습이
못난 모습으로는
조금이라도 덜 보여지게
그런 모습으로 내가 되어
그런 모습으로
머물게 하옵소서.

2012. 8. 20. 11;00-11:10
곽현의(스테파노) 드림.

가을에는 기도하게 하소서

백합의 골짜기를 지나
산머루 흐드러진 계곡을 거쳐
무더기로 덮쳐진 갈잎의 신음을

가을에는
기도하게 하소서
멈춤과 사라짐의 환란에서 벗어나려는
뭇 미물의 갈증을 위해

소리와 움직임의 혼란 같은 뒤섞임을 아프게나마 추슬러
이제는 차분히 남겨질 내 영혼을 위해
기도하소서
나의 사랑 나의 영혼 나의
모든 번거로움들을 세상에 비워놓고
뒤돌아보지 않아도 될 것들에 대해서
예쁜 손짓으로 멀어지게 하소서

가을에는
기도하게 하소서
세상 모든 평화의 덫에서 걸려든 상처들을
함부로 내치지 마시고
지금, 당신과 나의 마주함처럼 서로를
아무 의미 없이 그렇게 동행하려한다 할지라도

이만큼 더 행복과
이만큼 더 기쁨과
이만큼 더 값진 삶의 모습은 어디에도
없다는 것을
알게 하소서

가을
계절의 마지막으로 가는 길이 저토록 베푼
초대 잔치에서
우리의 모습이 아우러질 것을 위해.

2012. 11. 4. 11:20-11:29

주님의 은총恩寵

제가 늙어 감은 겉으로일 뿐이라고
마음 갖게 하소서
늙어 감은 어릴 때의 모습을 놓친다고는
생각하지 않게 하소서
겉으로 변해갈 뿐
언제나 제 꿈과 먼 미래는
어릴 때의 그 마음 그대로이니까요

세상에서 제일 무거운 짐은
사랑의 짐
모두를 포용해야 하고
모두를 대신해야 하며
모두를 드려야만 하는
십자가의 모습이니까요

하고많은 사람들 중에 나도
그 한 사람임을 충분히 알게 하고
그런 겸손으로
있는 듯 없는 듯 그들과 함께 해
행여나
부족하고 따르지 못하는 형제 앞에선
손으로만 내밀어 이끌어주되
내가 아닌 듯이

아무 일도 없는 듯이 대화해보고 싶은
그런 마음 갖게 하소서

제게는
아무것도 더 가질 것이 없사옵니다

이제는
저도 늙어 감을
이 또한 감사해야 하는
충만한 은총의 내림이겠지요
몸도 마음도
오늘 하루는 왠지 주님의 곁이고 싶사옵니다.

2012. 10. 10. 20:00-20:19
(추억은 영원히 카페 감동 글:
"어느 17세기 수녀의 기도"를 보면서)

수녀님의 모습

생각만 해도 선녀 같은
그 모습
언제나 내 곁을 맴돌던
그러나 그냥 다가가긴 너무 두려운 모습의
정숙하고 안온安穩한 모습이여

한 방울의 떨어뜨림이
연못 전체를 출렁일 것만 같은 반응으로
긴장과 조심스러움이 견제하듯 한
순결과 사랑
평화 깃든 모습이여

한 송이
국화 같은 향기와
그 잎사귀와 줄기 같이 순연純然한 모습인
온 세상 기쁨과 온유함으로

다소곳이
두 손 모으고 기도하는 모습엔
모든 관용寬容이며 인도引導, 숭고한 사랑 같은
기다림과 이해
배려와 함께인
너무나 예쁘고

너무나 우아하고
너무나 우러러보이는
온 세상의
사랑이어라
거룩한 사랑
마리아 같은 사랑의 모습이어라.

2012. 10. 3. 21:50-22:15

고해성사告解聖事

인간은
스스로 '만물의 영장' 이라고 말하려는
못나기 이를 바 없는 부족
바로 그 자체인가 봅니다

말과 행동이 행하려는 그 모든
한없이 부족한 생각의 근원에서부터 비롯된
실수인 줄도 모르는 실수인 것 같으면서도
함부로 접근할 수 없는 그 모든 것들에 대해서
어떻게 느껴보고
어떻게 구상하며
어떤 결론으로 단정해보려 하는
그런 위대한 능력 같은

한 생명으로 이 세상에 태어난
날 때부터 은혜로운 세상에서
아름다운 삶을 위한
그 모든 제약 다 뒤로하고
자유롭고 행복한 시간적 공간적인 선물꾸러미 덤에
철없이 노니는 것임을

탐욕과 시기猜忌
실수와 부적절한 언행의 난무亂舞

맑은 세상을 오염시켜가는 것인 줄 모르고 있는
미천한 자아自我
언제나 부족하기만 한 미물이었기에 부족함을
모르는 죄목 이옵니다

"보이지 않는다고 지름길을
순서가 없다고 우선을
나인 것처럼 남도 그렇게 여겨지지 않는 사고思考의
생활습관이
일상생활습관으로 만들어버린
이런 크나큰 죄인인줄을 스스로 알게 하여
올바른 인간의 모습으로
있어야할 곳에서
가져야할 것만큼 만으로 온전히 마음 다스려지는
그런 슬기와 깨달음이

어떤 고통에서라도 감수할 수 있는
마음의 준비와
육신의 겸허한 절제로 점차 변화되어
원초 인간의 부끄럽지 않은 모습이었던
그런 새로운 인간으로이게 하여주옵소서

잠시 머물다 떠날 이 아름다운 세상
멋진 여행이게 되게
주님의 사랑에 몸담고 있는 이 못난 사람을
내 사람이
되게 하여주옵소서".

2012. 11. 22. 11:20-11:40

찬미讚美에서

드리고 싶어
이렇게 다가갑니다
받은 것밖에 없어
나에게도 이젠 줄 수 있는 것 하나
'감사하다'는 말 전하려 하옵니다
드릴 수 있는 것이라곤 이것이 전부이옵니다
받은 것만큼 드리려하오니
그보다 더 많이 드리려하오니
왠지
섭섭해 하올 것 같아
드리지 못해 애태우는 마음 전하려기 보담
이미 기쁜 마음 충만한 이대로가
전해지고파
이렇게 다가갑니다
상치 않은 기쁨이 그대로이길 위해
'감사하다'는 말
이 한마디 전하려 하옵니다.

2012. 7. 7. 11:20-11:34
(1993. 12. 28 그때,
온천성당 '홍자의' 미카엘 형제님께, 스테파노가)

제 7 부

철학적

신神은 존재하는가

신이 존재하면
존재는 신의 모습일 것이다, 적어도
나와 내가아닌 다른 것과의 소통에서도 열어주는
논쟁에서는

신과 나와는
유일한
처음이고 끝일
그 이상의
어떤 개입도 없는
진실과 진실의, 그리고
그로인한 믿음과
그로인한 희망과
그로인한 티끌 같은 흩날림에서도 한 가닥의 의존인
비로소
평안平安에서 피안彼岸으로 이르려는
계시啓示일 것이다

언제나
교만과 거짓과 탐욕의 겨냥에서 떨고 있는
불안,
슬퍼했고 분노했으며
관용寬容의 형상形象조차도 오염시키려는

유와 무의 분별조차도 지탱하지 못할
한갓 허망한 잔존,
언제나 부정적인 모순 앞에서였을까

인간이상일 수 없는 인간
신은 인간으로부터
어떤 논리적이고도 과학적이며 계수計數적인
평판評判의 대상이 될 수 없는
넋두리에 지나지 않는
한갓 부질없음이다

믿음과
믿음이기 위한 성실
성실의 누리에서 살아나는 새로움
거기에서 드리워지는 행복
그 행복감에서 여겨지는 여린 사랑까지를
그리고 사랑이어야 하는 그리움의 지향까지를 위한

신은
상상想像의, 상징象徵의, 동경憧憬의
그 어느 것이어도
얼마나 설레며 영롱한 삶의
기다림이고 결과일 것 같은 가치추구의

상념想念이고 걷잡을 수 없는 사고思考며
생동감 넘치게 하는
적어도 믿음의
오묘한 경지의 거리만큼에서
언제든 오라고 손짓하는 듯
언제나
날 기다리는 비워둔 동지 같은 것일까.

2012. 4. 28. 15:20-15:45

영원한 자유

거기엔
보챔도 없고
부딪침도 없으며
과거도 현재도 미래도 의식해야 할 아무런 가치의
모험도 없으니
나는
그 모든 것들로부터 벗어난
완전히 벗어난 자유, 자유의 몸으로
우주의
무중력 상태에서
떠돌고 있는
아무도 날 간섭할 수 없는
그런
티끌 같은 몸인 것을

나는
모습도 아닌
느낌도 아닌
그렇다고 공간을 사수射手해야 할 탐욕도 가질 필요 없는
그래서 나는
때로는 바람으로
때로는 구름으로
때로는 새벽안개로

때로는 풀잎으로, 그 이슬방울로 어울려보는
자유롭고
평화로우며
어디선가 들려오는 새소리에 귀담아볼 수도
밤이나 낮이나 그렇게 찰랑대는
그 호숫가의 잔물결 소리도 들어볼 수 있는
온통
세상이라는 거대한 오케스트라의
웅장하고도 강렬한 리듬에 끌려가는
그 하모니Harmony의 중심부인 곳이
나의 위치임을
내가 누리는 것임을
그런 자유의 영원함임을
그런 나로서의 세상에 던져진 것임을.

2012. 5. 4. 15:25-15:35

햇볕 한 줌, 바람 한 줄기

세상 모든 건
그 원천이
아름다움이라고
아름다움의 세겐 그 모두가 아름다움일 수밖에
마지막
남겨진
그것엔 애착이련만
처음에서부터 마지막이 되기까지에는
누구든 진실로 그렇게 느끼질 못했으리라
이것이 아름다움의 본디 모습이었으리라는
왜, 생각 못했을까
놓치기 직전의 모습에서 볼 수 있었던

볼 수 있음과
들을 수 있음
이것 말고는 더 소중한 것이 있던가
육신의 몸으로 이겨내려 하는 이 한 순간
아직도 아닌데 라고 여겨진다면
온몸으로 버텨보는, 그러나
영적靈的 이미지를 동원해서라도
기적을 갈구하는것이 생명유지 본능의 성찰 같은
자신과의 처절한 투혼이었던 것을

살아생전의 그 모든 건
어느 것 하나 놓칠 수 없는
희열이고 극치며
움직임 하나하나에서도 놀랍고
변하는 모습 하나하나에서도 신비로우며
공간의 있음이 한없이 고맙게 여겨지고
머물 수 있는 곳이 있어 소망이 다 이루어진 것 같아
그 이상의 것은
뜬구름 같은 환상일 뿐
내 것이 아님을
알 수 있다면
내가 나의 존재를 입체적으로 느껴지는
내게 와 닿는
그도 한줌 햇볕이었고
한줄기 바람으로 드리워진
고귀한
내 생의
선물이었던 것을.

2012. 6. 13. 09:25-09:44

물은 흘러야할 것이다

인간에게
본능은
의식이 있고 움직임이 있으되
저항할 수 없는 것을 두고 인간은
'본능' 이라고 명명明命하며 대응하려 했던가
영적靈的 정신적인
사상가며 종교인에게도
인간적인 커밍아웃이 있기에
유연한 아름다움이 존립 가능하며
그 아름다움으로 사랑이란
행복의 근원을 마르지 않게 하려했던 것일까

'원효대사' 의 '경허선사' 처럼
품위를 생명처럼 지키려 했던
그러나 풀잎처럼 흩날리는 '황진' 이의 유혹에서
'유혹' 이라고
경어敬語를 덧붙이지 않았던가

육감肉感과
감명感銘의 끊임없는 갈등, 그 갈등에서
차라리
"절제할 수 없거든 결혼하라.

정욕이 불같이 타는 것보다 결혼하는 것이
나으니라."고 성경말씀 고린도전서 7장 9절은
인간 본능의 편에서 주문呪文하지 않았던가

자연스러운 존재
거기엔
인간의 모든 욕정에서 해방되고 싶어 하는
그 어느 것에서도 자유로워지고 싶어 하는
숨길 수 없는
그냥 그대로 두어두어야 하는
흐름이고 정체停滯일 수도 있으며
또 소유의 모습으로
그렇게 대자연에 융합融合된 것일 게다
언제나
물이 아래로만 흘러내리는 것처럼.

2012. 4. 28. 08:05-08:34

성패成敗의 힘

인문학人文學은
세상을 노래하는 창가唱歌다
힘이 아니고 지혜며
그렇게 하게끔
내외도內外道의 전함을 스스로에서 불러일으켜 주는
원동력이다

모든 변화는
물리적인 데서는 결코 성공할 수 없다
설령 그렇게 될지라도 이는 곧 무의미해진다
결국은
변화의 대상인 그 자체가 그걸 원하지 않는 데서는
변해지지 않을 것이다

먼저
생각해보고 그리고 행동으로
이는
변화의 비길 수 없는 놀라움 같은 철학이고
그 어떤 원함에서도 배려해 줄 수 없는 본능적 움직임인 것
이다

가장
원초적인 것에서부터
가장 순수한 방법으로
가장 자발적 움직임으로가 아니면 결코 세상의 모든 변화는
상상할 수도 없는 것이다

세상을 바꾼다는 건
고객을, 고객의 벽을, 완강한 거절에서 역전逆轉으로
절박함의 순간을 함몰陷沒시켜
내 것으로 만들 수 있다는 건
결국 고객 스스로의 변화를 갖게 하기 위한
어떤 것도 아닌
차분한 인문학적 논리로 구사해가며 유혹시켜버리는 힘을
가져볼 수 있는
그런 능력에서만이 가능할 것이다.

2012. 5. 28. 15:40-16:00

길

육신은 땅 위를 뒹굴지만
뇌리는 걷잡을 수 없는 소용돌이로
격렬激烈히 사색思索에 지치고
지친 만큼 새로운 세계로 질주하려 유혹한다

밀물과 썰물
자연과 운명
과거와 미래의 침전沈澱으로 수몰水沒되어간
그 위를 이어가는 길
길은 처음과 끝을 애써 말하려 하지 않는다
길은 언제나 처음일 수도 있고 끝일 수도 있으며
아님, 또 그 어떤 것도 될 수 없는
진행이고 세상 연출의 절경이며
화폭畵幅처럼 남겨질 애환哀歡일 수도 있는 것을

가다가 멈추면 쉼터가 되고
가다가 뒤돌아보면 모두가 그리움으로 보이고
어딘가엔 기다릴 것이라는 꿈의 설렘일 수도
그래서
길은 내 삶의 알뜰한 동반자인 걸
빛과 그림자를 몰고 오는 선명한 감각과 미각까지를
보살펴 주는

그러나 일출과 일몰 같은 새롭고 엉뚱하면서도
혼란스럽도록 다정한 느낌일 수도
그 느낌의 배경일 수도 있는

길은
내 요람搖籃에서 무덤까지를 가지런히 설계해준
희망찬 모습으로 굽이쳐가
만남과, 이별과, 그렇게 자아져가는
애틋한 종지부가 될 수도 있을 것을
언젠가는.

2012. 2. 10. 13:50-14:08

여행旅行

여행은 희열喜悅이다
여행은 신비다
여행은
때론 새로움이고, 방황이고, 고독이고
어쩜 신선한 충격이기도
낯선 곳의 설렘이고 긴장이며
말할 수 없는 외로움으로 내몰리기도
미지의 세계를 맨몸으로 맞아야 하고 무조건적
받아들임이며
그 새로움의 창조적 혁신을 구축하려는
자신과의 처절한 고행苦行에서 빚어지는
미래에 대한 애틋한 집념 이른
귀한 체험이다

여행은
상인과 종교인의 대립적, 물질적, 사상적인 것 까지에서도
논쟁과
그 결과에 대한 완벽한 수렴이며
순리이고 윤회輪廻의 구상을 더 선명하게
접견해 보려는
아름다움의
추상에서 실질과의 연계되어가는
애틋한 사랑이고 영원한 그리움이다

이를 기다리려는
앳된 삶의 세계로 펼쳐보려는
환상적 리듬이고
그 촉감으로 파문되어가는
삶의 한 오케스트라orchestra와도 같은 것이다.

2012. 5. 28. 19:10-19:30

연등燃燈을 거는 마음

모든 것은 마음먹기에 달려있다고 했으니
하루 일하지 않으면 하루 먹지 않는다는 소박함이여
자기 소유의 유 · 무형 그 모두는
비록, 지금 내 손아귀에서 벗어났다 할지라도
그 모습은
언제나 그대로이고
더 편한 자리에서
더 평온한 마음으로
더 순결하고 공대空大하며
치우침 없고
불편함 없는
차별 없는 세계에서
천하를 자유로이 유영遊泳하며 있는
그 모습의 참 자리인 것을

소유
그것은
사람들이 말하는 가감승제加減乘除의 근원 이전
소유의 본질인 고요한 심경心境으로
머물고 싶어 할 것이다
줄여진, 빠져나간, 없어진 나의 것
그것에서는
너의 것을 나의 것으로부터

단지 이동이었을 뿐
그 양과, 질과, 모습과, 무게와, 부피 등 그 어떤 것에서도
어느 것 하나 변해질 것 없는
그대로인 것을 확신할 수 있지 않는가
소유의 소유를 온전히 보존 하려는

법력法力 높은 선승禪僧들은
죽음 앞에서도 거리낌 없다고 하니
임종을 앞둔 서암西庵에게 제자들이
열반 송을 청했으나
"나는 그런 거 없다."
"그래도 누가 물으면 뭐라고 답해야 할까요?"
"그 노장, 그냥 그렇게 살다가 그렇게 갔다고 해라."고
했으니

연등은
집착을 버리고 마음을 환하게 밝히기 위해서이다
종교적 심신이기도, 그러나 때론
스스로도 미처 알지 못했던
온갖 탐욕과 회의懷疑하는 마음이 있었음을 알고
그 번민煩悶에서
벗어나게 하기 위함이니
중생은

원래부터 그 마음이 밝은 빛과 선량함을
탄생으로부터 신께 선물 받았건만

어찌하여
욕심과 분노, 어리석음으로
슬퍼해야 하는지

지금, 연등을 거는 한 마음으로
그 처음처럼
그렇게이기를
부디
세상을 바라보는 마음이.

2012. 5. 28. 18:35-19:00

웰 다잉Well Dying

생명의 존재는
존재라고 말할 만큼 순간의 것이기에
생명과 존재라는 단어로 형성해 논
형이상학적形而上學的인 이념에서 말하려는
대단히 조심스럽고도 두려운 사고思考의 견재임을

아름다운 죽음은
아름다운 태어남으로부터인 그런 야릇한 모습이었기에
누구도 거절 못 하며 또 자아의 편에선 언제나 누릴 수 있는
형상도
느낌도 가져볼 수 있는
그러나 한 생명의 확실한 사건임을

늘 가족이라는 울타리를 어느 날 갑자기 넘어서야하는
이별,
이별이기 위해서는
그러기 위해서는
맺혀진 인연만큼이나
맺혀진 인연만큼보다도 더 어느 날 갑자기 멀어짐은
너무나 아픈 시련이며
그리고 자신과의 너무 걷잡을 수 없는 변화에서 받는
당황하고 믿어지지가 않는
혼란스러운 충격적 사실에 대해

그것을 위한
이미 받아들이어야만 하는 피할 수 없는 사실에 대해서
이승과 저승이라는 경계
남은 사람과의 이별 방법 같은 그리고 여운처럼 남겨질
한 마디,
'사랑과 미움의 거리'
'죄송함과 부족함의 넋두리'
'남기고 가야할 그리움'
'살면서 가졌던 소유의 반환' 같은 걸
다 말하려고 하려는 걸

죽음은
슬픔이지만
어쩌면 슬픔만큼
우연한 이승에서 서로의 연緣을 다시 한 번 다짐해 보는
순리요
대자연의 오묘奧妙한 섭리攝理요
변화의 극적 아름다움일 수도 있는
가장 자연스러운 모습으로
유족에게 남기고 싶은 숱한 말 '유언장' 도
언제 몇 세로 세상을 떠났다는 '사망기' 도
무의미한 연명치료 같은 건 않겠다는 '사전의료의향서' 도
차분히 다 간추려 넘겨

마지막으로 손짓하며
다시 한 번 낯설지 않은 체온과
서로간의 믿음과
다 말하지 않아도 다 알 것 같은 눈빛과
그렇게 아름다운 죽음 앞에서 남겨질
해맑고도 고운
향기여.

2012. 11. 14. 10:00-10:24

침묵의 상像

인간은
나약한 그 자체
신神으로부터 속수무책束手無策이면서도
언제나 탈피하려는 번민煩悶의 뭉치
어쩌면 지구상에서 제일 버릇없는 무질서한 습관 같은
못난이
온 지구를 집적이며
오만함과 탐욕과 넋두리 같은 온갖 잡다한 것에서
스스로에 자부하고
만물의 영장靈長이라고
괴물 같은 존재 덩어리로 생겨나서 뽐내는
수많은 동 · 식물을 건드리고, 간섭하고, 정복하려 하는
그러나
물거품 같은 모든 사실을
언제나 뒤늦게서야 통감하고 좌절하고
극기 아는 무릎을 꿇고 마는 의미 없는 바보인 것을

허무虛無
고독
걷잡을 수 없는 회오리에서의 잔혹한 저항
참회懺悔를
참신參神을
묵상默想을

이미, 신神의 능력 앞에선
어찌할 수 없는
천박淺薄하기 이를 데 없는 자아自我며 심연深淵인 것을
침묵과 기도, 회의懷疑에서까지의 처절한 절감切感을
한없이 미미微微하고 부족하기만한
이것이 최후의 아픔이어야 하는, 심오深奧함이여

"홀로 있으면 귀가 열려
사물이 소곤대는 소리를
사뭇, 세월이 사물거리는 소리까지를…."

언제나 내면의 진리에서도, 사랑을 추스르는 침묵에서도,
묵언수행默言修行의 교훈으로 스스로를 깨달을 수 있는
홀로 낮춤인, 그런 모습
그런 오랜 고뇌와 질곡桎梏의 길일지라도
말없이 홀로 후며 가는 모습이었으면
그런 상의 예쁜 모습으로 되어갔으면…

2012. 2. 22. 10:10-10:36

허정무위虛靜無爲

재물은 썩은 흙이요
관직은 더러운 냄새로다
홀로 침묵에 심취心醉하니
육신은 탐욕하나
어이 천금의 재물은 흙으로 돌아가고
화려한 벼슬 또한 종노릇이나 다를 바 없으라
오, 통제統制라
나의 소유는
썩어질 몸뚱어리와 한갓 군더더기에 지나지 않을 소유물인
것뿐인 걸
모든 일은
애초에 바른 길로 행함이
나중에 실패하는 더 아픈 후회가 아닐 것이니
아득히 텅 빈 고요
탐욕도, 분노도, 집착도 다 무아無我의 경제에서
소용돌이치고 말
물거품인 것을
그저, 물처럼 바람처럼
있는 듯 없는 듯이
두어둔 그대로, 부디
두어둔 그대로에서
내 몸 혼연히 다스려봄이

속세인들 천국인들 가누지 못해 거스르려는
잠시나마 불청객이 아닐 것을
이 몸도
바람 따라 한 점 구름이려니
고요한 건
자연 그대로인 최고의 경지인 것을.

2012. 2. 7. 14:45-14:55

명상冥想

뇌의 유기적有機的 쏠림
오감五感의 덫
집중적으로 다스리려는 조용한 몸가짐

삶의 질은 생각에서 행동으로, 행동에서 변화로 드디어는
수많은 시간의 순응이어야 하는 형태가
대자연으로부터
그 아름다운 조화에서 벗어날 순 없는
새로움의 모습이어야 하는
그것을 위하여
언제나 염원하는
신비로운 참모습인 것을

신비로움에서
몸도 마음도 이끌려
고통과 뭇 질병 치유의 경지로 이어져가는 흐름인
뇌의 매개체媒介體로 기억을 발견하고
그 내에서 깊숙이 파고들어
다시 연쇄반응連鎖半應으로 호르몬을 분비하는
메커니즘Mechanism적 형상形象인 것을

오감의 친밀한 반응은
과거를 현재로
너무도 뚜렷이 내비치고서도
이를 느끼게 하는 반응이며
온몸으로 전율戰慄시켜 그 순간을 흡입하고만
강력한
시각視覺과 청각, 후각嗅覺과 미각味覺 및 촉각의 난타亂打인
자신과의
청신淸新하고도 오염되지 않은
현재에 대한 과거의 말쑥한 정화淨化인
'몰입세계'인 것임을.

2012. 7. 25 10:30-10:50

삶의 교훈

당신의 생명은 세상으로 하여금
당신과 당신 가족을 위한
신께서 주신 경이로운 선물인 것을
더욱이 더러 자기 회의懷疑와 좌절 같은 것으로 인한
어려움이 닥쳤을 때면
절대로 그 사실을 잊지 말 것이며
두려움의 선입감으로나
칠흑 같은 앞의 가림일지라도 희망과 꿈을 향한
멈춤은 부디 말거라

부정적이거나 우유부단優柔不斷하며
비관적인 자를 멀리하길 바라며
살면서 가장 못난 행동은
지난날을 뒤돌아보며 '그러지 않았어야 했는데' 로
말하는 것이다

하고 싶은 일을 인생 목표로 하고
여행도 하고
기술도 배우고
틈틈이 외국어도 익혀두어라
절대로 '내일 해야지' 라는 생각은 실패하는 가장 위험스런
계기이며
내일이란 없다

지금일 뿐이다
가능한 한 책을 많이 읽어라
배터리도 전원에도 접속이 필요 없는 어디에서 무엇을 하든
해낼 수 있는
유일한 동력이 생성될 수 있는 방법이다

젊을 때 여행은 할 수 있는 한 많이 해보고
좋아하는 것을 직업으로 선택함은
얼마나 후회되지 않은 삶인지
오로지 돈 때문이라면
너의 영혼을 망가뜨릴 수도 있을 것이다
혹여或如 서운해 참을 수 없는 상황이었다고 할지라도
먼저 화를 낸다는 것은
이 또한 지금껏 쌓아온 스스로의 인품을 오손시키는
어리석음임을
언제나 기억하길
그 어느 것 하나에서도 헛되지 않은.

2012. 10. 11. 14;10-14:35

작품해설

투명한 의식과 미세한 감성의 행간

문학박사, 시인 임 종 성

투명한 의식과 미세한 감성의 행간

말이란 것은 나무의 잎과 다르지 않다. 나뭇잎이 너무 무성하게 되면 오히려 열매가 적은 것이 사실이다. 우리가 얻고자 하는 것은 잎이 아니라 열매가 아니겠는가. 우리는 침묵하든지 그렇지 않으면 침묵보다 나은 말을 해야 한다. 자연과 더불어 살기 위해서는 사람도 귀를 열어 사물의 말을 들어야 한다.

시인은 사물에 대해 말하는 처지에 있지 않고 사물이 들려주는 말을 듣는 처지에 있다. 이러한 단상에 연관하여 곽현의 시인의 네 번째 시집 「그리움 4」의 내면을 읽어 보기로 한다.

> 밀물과 썰물/자연과 운명/과거와 미래의 침전沈澱으로 수몰水沒 되어간/그 위를 이어가는 길/길은 처음과 끝을 애써 말하려 하지 않는다/길은 언제나 처음일 수도 있고 끝일 수도 있으며/아님, 또 그 어떤 것도 될 수 없는/진행이고 세상 연

> 출의 절경이며/화폭畵幅처럼 남겨질 애환哀歡일 수 있는 것을/가다가 멈추면 쉼터가 되고/가다가 뒤돌아보면 모두가 그리움으로 보이고/어딘가엔 기다릴 것이라는 꿈의 설렘일 수도/그래서/길은 내 삶의 알뜰한 동반자인 걸/빛과 그림자를 몰고 오는 선명한 감각과 미각까지를/보살펴 주는
>
> 「길」 부분

길이란 이어진다는 속성이 깊이 내장되어 있다. 땅과 하늘, 초원과 사막, 바다에도 보이지 않는 숱한 길이 숨어 있다. 끝에서 시작까지 무수히 이어지면 지워지고, 사멸하면 회귀하는 길의 모순은 불교의 자공묘유刺空妙有와 같은 것이다. 가득 차 있으면서 비어 있고, 비어 있으면서 가득 차 있는 것이다.

화자는 〈길은 처음과 끝을 애써 말하려 하지 않는다/ 길은 언제나 처음일 수도 있고 끝〉일 수 있다고 전언해 준다. 그래서 길은〈가다가 멈추면 쉼터가 되고/가다가 뒤돌아보면 모두가 그리움으로 보이고/어딘가에 기다릴 것이라는 꿈의 설렘일 수도 있다고 말하고 있다.

쉼터가 되기도 하고 그리움을 촉발하는 길은 〈내 삶의 알뜰한 동반자〉가 된다. 이러한 길 위에는 마차나 기차, 수레가 지나간다.

> 운명처럼 이어진 레일/기차는 그 레일에서 처음과 끝이 된 것이었을 줄이야/하지만/그 안에서 모든 것이 있었다는 것을/그리고 그 어느 것 하나에서도 꼭 있어야 했던/만나고 헤어

> 지는 모든 순간들이/스쳐 지나가는 파노라마처럼 인 레일의 이어짐이여/그래서/기다림도 있었고 이별도 있었지/달리면서 보이지 않던 길이 나타났고 새로움에 설레기도/놓쳐버림에 한없이 슬퍼하기도/이 모든 그림 같은 삶이/모두가 여행 중 이군요/지금 달리고 있는 기차안에서.
>
> 「기차 여행 같은 인생」 부분

이러한 길 위에서는 수레나 마차, 기차 등 온갖 차량들이 오가면서 만남과 별리를 이어준다.

〈만나고 헤어지는 모든 순간들〉이 집중되어 〈달리면서 보이지 않던 길이 나타났고 새로움에 설레기도/ 놓쳐버림에 한없이 슬퍼하기도〉 하면서 모두가 여행 중 임을 드러내고 있다. 길이 외형상 끝나는 산도 있고 바다도 있고 하늘도 있다. 이들 가운데 산은 〈언제나 운무에서 깨어나지 못하는 기암〉을 지나고 있고〈장엄한 설교 같은 천하를 호령하는 것 같은 자태〉를 드러내 준다.

그뿐만 아니라 산은 〈바위와 바위로만/서로 버티고 의지하듯 치솟는〉위용을 보여 주지만 〈한없이 따안아주고 부축해 주며 껴안을 듯/기다림의 마지막 쉼터〉를 부드러운 내성으로 보여 주기도 한다. 이와 같이 길은 집이며 도량이다.

그런데 우리가 새로운 지평을 깊게 넓히는 것은 외연의 확산에서만 찾아지는 것은 아니다. 마르셀푸르스트는"진정한 탐험은 새로운 땅을 찾는 것이 아니라, 새로운 시야을 찾는 것이다.(The real Voyage of discovery consist not in seeking new landscapes but in having new eye.)"고 말한다.

시인은 화자를 통해서 자연에서 원초적 생명을 발견하고 있다.

> 초록은 세상에서 제일 아름다운/빛이다/만약, 초록이 없다면/암흑보다 더한 두려움에서 뭇 생명은/불한해 할 것이다/왜냐하면 초록은/희망의 빛이고/기다림의 빛이며/사랑의 빛이고/생명의 빛이기 때문이면서/온 세상 아픔을 품어주는 치유의 빛이기도 하기/때문인 것이다/초록은/과거의 기억이고/현재의 진행이며/미래의 그 마지막에서/이 몸 뉘어볼 영원한 양탄자인 것이다.
>
> 「초록」 부분

초록은 생명 그 자체이다. 그래서 괴테는 "모든 회색은 거짓이다. 초록만이 진실하다"고 말한 것이다. 왜냐하면 그것은 〈희망의 빛이고/기다림의 빛이며/사랑의 빛이며/ 생명의 빛〉이기 때문이다. 또한 그것은 〈온 세상 아픔을 치유하는 빛〉이며 〈과거의 기억이고/현재의 진행〉이기 때문이기도 하다. 이러한 초록에 대한 생명의 인식은 기대거나 안주하는 것이 있어야 오래 지속될 수 있고 무한한 힘이 촉발될 수 있다.

예술도 생명인식과 무관하지 않다. 기대는 벽이 없으면 담쟁이 넝쿨이 오를 수 없고, 기대는 공기가 없으면 촛불이 불빛의 샘물을 길어올릴 수 없듯이 우리의 피곤한 영혼의 몸이 그냥 기대도록 내어 주는 것이 예술, 즉 문학이며, 음악, 회화, 조각 같은 것이다.

음악은요/나의, 나를 위한, 나에게서는/모든 아픔을 어루만져 주며/그 깊은 상처를 치유시켜주고/몰래, 몰래 다가와서는 그의 체온으로 가만히/다시는 슬퍼하지도 않게/그렇게 나를 맴돌며/언제나, 언제나 떠나질 않고서 그 기다림의/멀고 먼 기약에서 홀로

「음악은요」 부분

생명감이 스며든 음악은 치유의 능력을 지니고 있다〈나의, 나를 위한 나에게서는/모든 아픔을 어루만져 주며/ 그 깊은 상처를 치유시켜〉주는데 기능적으로 유용하다. 유약해지는 마음에 다가와 찬 손을 감싸 주는 것이 체온이다. 이러한 체온의 감지는 생명의 탄생에서 가장 먼저 온다.

빛,/네 모습은/천사같이/축복의 길목으로 따라 와선/세상에 빛이 되었다네/너를 맞이하려던 세상과 나를 기다리려던 세상/그런 기쁨으로/그런 희망으로/온 세상 품으로 안긴/부족함 없는 하루이었으며 행복한/순간이었다네/네 귀여운 모습/ '예나' 야/네가 태어나던 날은/그런 세상으로 눈부셨고/하늘과 땅에서 축복을 내린/영광스러운/새 생명 탄생의 위대한 사건이었다네/예쁘게 자라다오/내 손녀 '예나' 야

「탄생 일주년」 전문

가을에는/기도하게 하소서/세상 모든 평화의 덫에서 걸려든 상처들을/함부로 내치지 마시고/지금, 당신과 나의 마주함처럼 서로를/아무 의미 없이 그렇게 동행하려한다 할지라도

「가을에는 기도하게 하소서」 부분

화자는 손녀의 탄생에서 무한한 축복과 은총을 입고 있다. 〈빛/네 모습은/천사같이/축복의 길목으로 따라와선/세상 빛이 되었다네〉의 항간에 비쳐나오는 손녀는〈그런 기쁨으로/그런 희망으로/온 세상 품으로 안긴/부족함 없는 하루이었으며/행복한 순간을 안겨주고 있다.

아기라는 생명의 탄생은 세상의 그 무엇과도 비교할 수 없는 절대적 가치를 드러내는 위대한 사건인 것이다.

화자는 손녀의 이름을 부르면 목소리가 해맑아지고, 손녀의 고운 얼굴을 떠 올리면 모난 마음이 자꾸 동그래지고, 발걸음은 들뜬 바람 앞의 파도가 된다. 생명은 영원한 찬미의 대상이다. 이러한 감사한 마음에서 우러나온다. 세상에서 아가라는 말보다 곱고 귀한 것은 많지 않다. 아기의 눈, 입, 볼과 이마, 손가락, 발목 같이 아기에 속한 말들은 깜직하다. 아기는 맨 나중에 피어날 눈부신 꽃이다.

드리고 싶어/이렇게 다가갑니다/받은 것밖에 없어/나에게도 이젠 줄 수 있는 것 하나/'감사하다'는 말 전하려 하옵니다/드릴 수 있는 것이라곤 이것이 전부이옵니다/받은 것만큼 드리려하오니/그보다 더 많이 드리려하오니/왠지/섭섭해 하올 것 같아/드리지 못해 애태우는 마음 전하려기 보담/이미 기쁜 마음 충만한 이대로가/전해지고파/이렇게 다가갑니다/상치 않은 기쁨이 그대로이길 위해/'감사하다'는 말/이 한마디 전하려 하옵니다.

「찬미讚美에서」 전문

화자는 성숙한 신앙이 무엇인지를 알고 보니 감사한 줄 아는 것은 신앙이 깊다는 말과 다르지 않다. 그것은 〈나에게도 이제 줄 수 있는 것 하나/ '감사하다 '는 말 전하려 하옵니다〉 행간에서 발견된다.

맡은 것만큼 주려하는 것은 참 신앙적 자세다.

고마운 것은 물질적인 것의 향유만을 의미하지 않는다. 낮은 자리에 내려가면 작은 사물이 크게 보인다. 이를테면 바닷가에 나왔을 때 '나' 가 한 알의 모레인 것을 깨닫게 되는 데서 고마움이 생겨난다.

무엇보다 '나' 가 모레가 되어 밀려오는 들뜬 파도를 설레이며 맞을 수 있어 더욱 고마운 것이다. 감사의 자연스러운 표현은 기도이다.

화자는 기도를 상처의 치유 능력으로 내정하고 있다.

〈세상 모든 평화의 덫에서 결려든 상처들〉을 쓰다듬는 힘이 내장되어 있는 것이다.

시 쓰기는 임의적인 것을 들추어내어 배열하는 것이 아니며, 또한 단순한 감상이나 비현실적 상념을 말이라는 옷을 입혀 드러내는 것이 아니다. 자신의 생각과 느낌을 세상 사람에게, 사물에게 말을 거는 정서적 행위이며, 단순한 의사 전달이 아닌, 영적 교섭이다.

그래서 한 편의 시는 살肉이 된 '말' 이다. 아니, 말이 된 '살' 인 것이다. 미적 진정성과 내면성을 통해 발아되는 서정시는 대상과 주체가 함께 숨 쉬는 동일성의 미학을 의도한다. 서정시의 주체인 화자는 대상과의 관계를 조성하여 상호 의존성을 보여준다.

이러한 관계 설정이 분열로 나서면 의식 중심의 서정시가 되고, 화해로 나서면 감성 중심의 시가 된다.

곽현의 시인의 네 번째 시집 「그리움 4」는 의식과 감성이 극단적으로 분리되지 않고 절묘하게 통합의 길을 지향하고 있다.

길, 기차, 산 같은 제재를 지배적 정서로 내세운 진정한 삶의 의미 공간을 찾으려는 모습이 드러난다. 삶의 길을 나서 자아를 찾아, 그 자아를 완성하려는 진지하고 겸허한 자각적 자세가 선명하게 드러난다.

길을 나선다고 길이 있는 것은 아니지만 길이 없으면 길을 만들어 가겠다는 투명한 의식이 빛난다. 또한 초록, 음악, 탄생, 기도 등의 지배적 제재를 바탕으로 한 감성 중심의 시들은 생명에 대한 외경, 기원적 입장은 신과 자연, 인간에 대한 깊고 넓은 전망적 시야를 드러내고 있다.

그리움 4

곽현의 詩人 네번째 시집

인쇄일_ 2013년 3월 10일
발행일_ 2013년 3월 12일

지은이_ 곽현의
펴낸이_ 최경식
펴낸곳_ 도서출판 청옥문학사
기획처_ 문화마을디자인

등록번호_ 제10-11-05호
주 소_ 부산시 금정구 명서로 94, 101-411
E-mail _ kyu500@hanmail.net (출판사)

ISBN ISBN 978-89-97805-06-8
값_ 10,000원